○ 沈波 张赟 编著

给家庭的
亲子积极体验

苏州大学出版社

图书在版编目(CIP)数据

给家庭的亲子积极体验/沈波,张赟编著.—苏州:苏州大学出版社,2022.12
ISBN 978-7-5672-4223-4

Ⅰ.①给… Ⅱ.①沈… ②张… Ⅲ.①幼儿教育—亲子教育 Ⅳ.①G781

中国版本图书馆 CIP 数据核字(2022)第 249646 号

Gei Jiating De Qinzi Jiji Tiyan
给家庭的亲子积极体验

编　　著：沈　波　张　赟
责任编辑：倪浩文

出版发行：苏州大学出版社(Soochow University Press)
社　　址：苏州市十梓街1号　邮编：215006
印　　刷：镇江文苑制版印刷有限责任公司
网　　址：www.sudapress.com
邮购热线：0512-67480030
销售热线：0512-67481020
开　　本：787 mm×1 092 mm　1/12
印　　张：6
字　　数：117 千
版　　次：2022 年 12 月第 1 版
印　　次：2022 年 12 月第 1 次印刷
书　　号：ISBN 978-7-5672-4223-4
定　　价：60.00 元

凡购本社图书发现印装错误,请与本社联系调换。服务热线:0512-67481020

积极体验，为儿童的可持续成长赋能

殷飞

在无锡市妇联家儿部邓丽洁部长的牵线下，我有机会和无锡市妇联实验托幼中心沈波园长讨论她们的省家教会研究课题。她们这几年来持续深耕于儿童的积极体验研究，在"十三五"期间出版了实践操作文本《给孩子的30+个积极体验》，最近通过持续研究，准备出版一本《给家庭的亲子积极体验》。在交流中我发现这个研究方向很好，既符合儿童的身心发展规律，也符合家园共育的改革方向。通过学习，我说一点体会作为推荐理由。

党的十八大以来，习近平总书记多次强调要重视家庭家教家风建设。儿童属于他自己，同时作为社会人，他也归属于家庭和国家，承担家庭、国家赋予他们的责任，他们的身心状况以及精神面貌如何，在影响他们自我实现的同时，也影响着家庭的幸福和国家的长治久安。

当下社会正在悄然发生转型，经济发展越来越好，社会节奏越来越快，竞争压力越来越大，社会成员之间的交往越来越虚拟化，社会价值越来越个体化。随着社会的转型，家庭也正在发生变化，家庭规模越来越小，家庭结构趋于简单和多样化，家庭和社会（社区）的天然联系正在减少，逐渐趋于封闭。生活在家庭和社会转型期的儿童，他们的物质生活越来越富足，娱乐生活越来越丰富，但是精神生活却呈现出一定的贫乏倾向，"怎样的生活更有意义""为什么要活着""个人价值如何体现"等问题正在被弱化，这些问题可能很少会被讨论，或者被极端个体主义的价值观囫囵带过。儿童的成长动力不足，常被眼前的感官刺激所俘虏；精神压力越来越大，常被抑郁的情绪所困扰。如何破解富裕时代的儿童成长问题，为儿童的可持续成长赋能，需要所有关心儿童发展的有识之士和组织机构能够拨开时代的迷雾，从儿童身心发展需要的角度提出建设性的方案，以飨大众。

一、儿童成长需要积极的精神引领

人拥有与动物不同的精神世界，精神的丰富性也造就了人的丰富性。一个时代有一个时代的精神，一个时代的人也有一个时代人的精神面貌。要想培养人，就需要涵养其精神；要想培养有理想的人，就需要涵养其理想的精神，塑造其理想的人格。

在物质贫乏的时代，人们为了获得更多的生活资源，会通过各种方式刺激儿童努力奋斗，向上生长，鼓励儿童成为"人上人"。如过去的父母教导儿童为了更好的生活——过上好日子——而更加努力地学习，这样的教导很现实也很有效，儿童们因为担心过苦日子而埋头努力，成就了几代人艰苦奋斗的精神面貌。

社会的进步首先体现在经济的发展成就上，在中国共产党的坚强领导下，我们脱贫攻坚，生活总体上达到了小康水平，正在为建成社会主义现代化强国而奋斗。在生活水平快速提升的背景下，曾经驱动人们努力奋斗的"苦日子"正在模糊，失去了"追兵"的中国人要想在精神层面上转型，就需要有高远的价值引领，让儿童从因为害怕而做什么，转变为为了什么理想而奋斗。

社会主义核心价值观是我们培养儿童应该矢志遵循的内容，特别是针对个人发展的价值观：爱国、敬业、诚信、友善。它们应该成为每个儿童的成长航标，成为教育工作者和儿童抚养者的价值取向。

儿童怎么都能长大，但是不同的价值引领造就不同精神面貌的儿童。人的精神世界是有选择性的，如果长期被感官快乐所刺激，那么儿童就会耽于表面的感官刺激和享受，例如把刷视频、打游戏的刺激当成生活的全部，从而导致与人面对面交往的愉悦、通过付出努力为他人服务以及奉献社会和国家的价值感和成就感就会减少，久而久之也就不容易形成积极向上的生活价值取向。

因此，要想培养能担当民族复兴大任的建设者，培养身心健康、积极向上的幸福人，就需要学校和家庭主动创造条件，为儿童提供积极的情感体验和价值塑造。

二、儿童成长需要积极的实践体验

高远的价值引领和高尚的精神熏陶需要积极而稳定的身心体验，简单说教只能在认知层面让儿童变得能说会道，而要培养知行合一的新时代儿童，还需要通过积极的实践以增强他们的身心体验。

说教能培养儿童的认知，提升他们的认知水平，但是从"知"到"行"的道路还很长，只有"知"的灌输，儿童的行动并不稳定；当知慢慢模糊，行动就很难坚守。因此，为了能够让儿童由"知"转变为付出稳定而持久的"行"，就需要加强积极的实践体验。实践体验能够强化儿童在学校学习到的知识，也能够让其更好地理解学校所传授的知识，当儿童通过实践有了感性认识，就更容易理解书本上和教师所传授的间接知识了。通过实践，儿童还能够通过自身感知形成身体记忆，能够将获得的知识举一反三、触类旁通，有效提升学习效能。特别是道德教育方面，更要加强积极的实践体验，让道德认知更深刻，道德情感更丰富，道德行为更稳定。

一段时间以来，我们把儿童发展和教育一股脑儿都寄希望于学校（幼儿园），把学校（幼儿园）的教育责任无限放大，这既不客观也不科学。叶圣陶说，教育就是培养好习惯。而要想儿童形成稳定持久的行为习惯除了需要学校（幼儿园）规范的、有组织的课程引导，还需要家庭和社会的持续跟进，所谓"师傅领进门，修行靠个人"也是这个意思。儿童的成长需要高质量教育体系的构建，需要家庭、学校和社会联合力量，协同育人。

三、儿童成长需要积极的协同创新

家庭和学校（幼儿园）单方面都无法完成培养人这一艰巨的任务。促进儿童发展需要家校（园）社积极开展协同教育，充分发挥家庭、学校（幼儿园）、社会的教育优势，做到协同共进、资源互补。

学校（幼儿园）有专业的教师，他们能够根据儿童成长与发展规律设计游戏化的课程，带领儿童在学校（幼儿园）有效组织相关活动，促进儿童成长；但是作为组织化的教育机构，必然存在课程实施过程中的时空困境，无法把儿童所有的成长任务都在有限的学校（幼儿园）时空内完成。就算是目前，还有不少家长会认为把孩子送到学校（幼儿园），他们的学习和成长就是教师的事情。而事实并非如此，要想儿童获得持续发展，就需要积极开展家校（园）共育，共同促进孩子成长。

通过多年的宣传，随着家长受教育水平的提升，不少家长的教育理念正在发生转变，他们除了把孩子送到幼儿园，也在积极学习家庭教育知识，不断更新家庭教育观念，优化家庭教育方法。但是在日常家庭教育实践中，限于家长的生活与工作压力或者自控能力与习惯，他们很多时候知道如何做能对孩子的成长有更积极的影响，但是常常又很难有持续稳定的行动。

这本——《给家庭的亲子积极体验》，是"积极体验"课题研究的进一步深化，体现了幼儿园主导的家园合作立场，体现了儿童中心的价值追求和激发家庭主体责任的新方向，发现并发扬了家庭对儿童积极情感培养的价值。

该亲子积极体验的家园合作园本课程总体看有如下特征。

① 主旨明确。该园本课程始终以儿童积极体验为宗旨，以家庭生活教育为背景，以亲子互动为核心，通过切实可行的家庭亲子活动设计引导儿童和家长形成积极的生活态度与方式，培养积极的情感，塑造积极的价值观。

② 内容丰富。积极体验的家园合作园本课程涉及儿童成长的五个方面，分别为道德启蒙、身体素质、生活技能、文化修养、行为习惯，系统性地做到了德智体美劳的五育并举，且这些内容和儿童的真实生活紧密相关。

③ 结构完整。该园本课程的设计体例既有对父母在体验活动中具体做法的指引，也有家庭教育指导师的深入指导；既有孩子的体验，也有家长的体验，更有经验的进一步拓展。整个课程的设计充分运用了与孩子相关的各方面经验，整体呈现完整的闭环结构。

无锡市妇联实验托幼中心的积极体验园本课程实验研究具有一定的前瞻性、系统性和开放性，在为广大家长提供家庭教育指引的同时，也为更多致力于幼儿发展的幼教工作者提供了借鉴。希望他们能够继续潜心实践与总结，探索出更多、更好的家园社协同育人的成果。祝贺并期待！

（**殷飞**，博士，南京师范大学心理学院副教授，南京师范大学家庭教育研究院副院长，江苏省家庭教育研究会副会长）

目 录

序号	体验内容	建议年龄段	星级体验	核心领域	页码
1	游览祖国美景	3—6岁	☆☆☆☆☆	道德启蒙	01
2	去天安门看升旗仪式	4—6岁	☆☆☆☆☆		03
3	探寻家乡人文习俗	4—6岁	☆☆☆☆☆		05
4	参加公益活动	3—6岁	☆☆☆☆☆		07
5	寻访喜欢的英雄人物	4—6岁	☆☆☆☆☆		09
6	讲家庭故事	4—6岁	☆☆☆☆☆		11
7	了解当季食材营养	3—6岁	☆☆☆☆☆	身体素质	13
8	制订健康生活作息表	4—6岁	☆☆☆☆☆		15
9	学习表达情绪	3—6岁	☆☆☆☆☆		17
10	学会照顾自己	2—6岁	☆☆☆☆☆		19
11	坚持一项运动	3—6岁	☆☆☆☆☆		21
12	现场观看体育比赛	5—6岁	☆☆☆☆☆		23
13	一起做家务	3—6岁	☆☆☆☆☆	生活技能	25
14	体验家庭急救	4—6岁	☆☆☆☆☆		27

序号	体验内容	建议年龄段	星级体验	核心领域	页码
15	学会认识邻居	3—6岁	☆☆☆☆☆	生活技能	29
16	按计划实地采购	4—6岁	☆☆☆☆☆		31
17	做修理小助手	4—6岁	☆☆☆☆☆		33
18	和朋友一起出游	3—6岁	☆☆☆☆☆		35
19	过中国传统节日	3—6岁	☆☆☆☆☆	文化修养	37
20	学做节气笔记	5—6岁	☆☆☆☆☆		39
21	组织或参加读书会	3—6岁	☆☆☆☆☆		41
22	吟唱经典古诗词	3—6岁	☆☆☆☆☆		43
23	现场聆听音乐会	3—6岁	☆☆☆☆☆		45
24	参观艺术展	4—6岁	☆☆☆☆☆		47
25	学习餐桌礼仪	3—6岁	☆☆☆☆☆	行为习惯	49
26	做整理小达人	3—6岁	☆☆☆☆☆		51
27	礼貌待客或做客	4—6岁	☆☆☆☆☆		53
28	寻找节能好方法	5—6岁	☆☆☆☆☆		55
29	坚持阅读打卡	3—6岁	☆☆☆☆☆		57
30	安全文明出行	3—6岁	☆☆☆☆☆		59

"幸福家庭"积极体验之

游览祖国美景

带上地图,和孩子一起游览祖国各地的风景名胜,了解独特物产等,可以让抽象的祖国概念具体化、可视化。父母经常和孩子外出游览,不仅让孩子可以习得自然、人文、旅行等相关知识,还能加深彼此的关系,在真实的游览场景中萌发对祖国的自豪感和热爱之情。

赵朗晴 绘(6岁2个月)

父母这样做

◎ 全家营造向往游览的氛围，激发孩子对游览的兴趣，运用其能够理解的方式为即将到来的游览做好准备工作。如3—4岁的孩子和父母一起了解所游览的景点或城市的名称。4—5岁的孩子和父母一起收集有关家乡、祖国各地美景、特产的图片，能讲述一些和美景有关的故事。5—6岁的孩子和父母在地图上找一找家乡、游览地的位置。还可以鼓励孩子自主制订出行计划表，合理安排自己的一次游览。

◎ 和孩子一起讨论游览过程中需要注意的安全事项，如乘坐火车和飞机的途中需要注意什么，了解景点的标志，学会看景点地图等。

◎ 拍摄一些风景名胜的视频或照片，家庭成员一起动手制作"风景名胜相册集""我的祖国寻访日志"等，布置在家中的某个地方，并鼓励孩子把游览途中的见闻与幼儿园的老师、同伴一起分享。

孩子的体验

◎ 通过与父母一起查阅资料，了解所去之处的旅游路线，学习制订旅行计划。在旅行过程中熟悉乘坐火车和飞机的流程，学会看出站口序号、标志，辨别方向。

◎ 在旅行中会见到不同的人，有助于学习与他人沟通交流的方法。旅途中孩子还需要足够的勇气与耐力，坚持游览完全程，体验胜任感。

◎ 游览中孩子会感受到父母全身心的陪伴，这也是沉浸式享受属于一家人亲密时光的好机会。

父母的体验

◎ 在和孩子一起游览美景的同时会看到孩子的成长，当看到孩子在旅途中去主动承担一些责任时，父母会对孩子更加肯定和赏识，也愿意多鼓励和学会放手。

◎ 在和孩子游览美景的过程中父母能感受到与孩子共同克服困难的快乐，更会有勇于担当和做孩子榜样的意识。在游览中，父母和孩子一样会收获很多东西，从而催生更为有效的家庭教育策略或方法。

◎ 游览中父母和孩子都会感受到彼此全身心的陪伴。这也是享受属于一家人亲密时光的好机会。

可拓展体验

◎ 生活中创设游览自己家乡名胜古迹的机会，如无锡的"红色故居"、寄畅园、梅园等，让孩子感受家乡名胜古迹的悠久历史，了解历史上红色人物的事迹和精神。

◎ 在游览的过程中提醒孩子遵守社会公德，指导其在公共场所应学会管理约束自己的行为，如根据标识有序排队及前进，使用文明用语，轻声说话等。

◎ 在游览中关注孩子品格与体格的锻炼，培养孩子的意志力。比如爬一座山，孩子自己爬完全程，需要有很强的毅力与耐心。

家庭教育指导师指导建议

◎ 组织家庭间进行如"我的游览打卡"的主题分享活动，鼓励家庭与家庭之间积极分享，交流家庭游览中的趣闻，讨论游览地点背后的故事，使孩子萌发爱祖国、爱家乡的情感。

◎ 鼓励孩子用绘画、剪纸、黏土制作等多种艺术手法表现自己的所见所闻，如用颜料绘画山河，用画笔勾勒名胜古迹上的图案、花纹等。

"幸福家庭"积极体验之

去天安门看升旗仪式

五星红旗和天安门在孩子心里都代表着祖国妈妈。天安门广场的升旗仪式严肃而庄重,和孩子一起全程观看升旗仪式,孩子会震撼于仪仗队叔叔整齐的步伐,感动于国旗迎着朝霞冉冉升起的庄严,从而激发身为中国娃的自豪感。

徐昕果 绘(5岁10个月)

父母这样做

◎ 全家营造激动、期待的气氛，利用网上的影像或者结合幼儿园现场的升旗仪式等资源，和孩子一起了解升旗仪式的相关流程。4—5岁的孩子可以结合视频镜头，说说升旗仪式中的礼仪。5—6岁的孩子可以模拟幼儿园升旗仪式的过程，尝试当一名小小升旗手，激发去天安门观看升旗仪式的愿望。

◎ 和孩子在家通过上网查阅资料、阅读图书等方式，了解北京天安门升旗仪式的时间、步骤以及升旗手的任务和动作规范，做一些必要的准备。

◎ 拍摄孩子观看升旗时的视频或照片，家庭成员回家一起看拍摄的照片或者视频，和孩子聊聊观看升旗仪式后的感受，如"今天来到了北京天安门，看到了升旗仪式有什么感受？""天安门的升旗仪式和幼儿园的有什么不同？"鼓励孩子把这些见闻与幼儿园的老师、同伴一起分享。

孩子的体验

◎ 期待、兴奋、激动、喜悦、自豪，这将是观看北京天安门升旗仪式所能获得的情绪体验，也是童年时光的一个难忘时刻。

◎ 了解升旗手有力、整齐的动作特点，愿意根据自己的特长在集体中尝试扮演升旗仪式中的某个角色。

◎ 亲子共同感受天安门升旗仪式现场严肃、庄重的氛围，共同建立家庭良好的爱国主义氛围，萌发作为一名中国人的自豪感。

父母的体验

◎ 通过语言讲解、查阅资料等引导孩子了解北京天安门升旗仪式流程，通过动作示范、亲子共学的方式了解升旗手的动作规范要求。这也是父母放下手机全心投入陪伴孩子，享受亲子时光的好机会。

◎ 与孩子一起制订在北京观看升旗仪式的行程计划，讨论需要游玩的景点有哪些，作出合理的旅行规划。

◎ 在与孩子共同观看升旗仪式的过程中，感受作为中华儿女的骄傲，为祖国的强大而自豪，让爱国情怀在孩子的心中迸发。

可拓展体验

◎ 利用孩子喜闻乐见和能够理解的方式激发其爱国情感，如和孩子一起外出游玩，一起收集、分享有关祖国各地的风景名胜、特产等的信息资料，在感受和表达中引发孩子的自豪感和热爱之情。

◎ 通过游览当地博物馆和亲子故事阅读、亲子分享讨论等方式，让孩子了解从古至今中国人的伟大发明创造，萌发身为中国人的自豪感。

◎ 结合国庆节，与孩子一起观看北京阅兵仪式、开展家庭亲子活动如"祖国真伟大"等，和孩子一起了解新时代祖国的繁荣富强，为自己是一名中国人而感到自豪。

家庭教育指导师指导建议

◎ 组织家庭开展如"我是中国娃""自信的中国人"等主题分享活动，鼓励父母与孩子积极分享。

◎ 组织家庭观看爱国影片，父母与孩子一起了解中国历史上著名的战役和战斗英雄，激发幼儿的爱国情感。

"幸福家庭"积极体验之

探寻家乡人文习俗

　　日常生活中，成人在按照民俗进行一些特殊且有仪式感的活动时很容易引起孩子的好奇和探索。父母可以利用孩子感兴趣的契机，和孩子走街串巷探寻家乡人文习俗，了解家乡特产、节庆活动、名人名事等。在这一过程中，民俗文化得到传承，同时能引发孩子对家乡的热爱之情。

郑景曦 绘（6岁4个月）

父母这样做

◎ 和孩子一起收集有关家乡特产、节庆活动、名人名事的图片或书籍。4—5岁的孩子，父母可以向他们介绍家乡有代表性的特产、景观和节庆活动。和5—6岁的孩子一起通过视频、图片、书籍等分享家乡的风俗习惯，以及它们背后的故事，更深入了解家乡的人文习俗，使其萌发对家乡的热爱。

◎ 带孩子一起到博物馆、展览馆、名人故居等具有人文气息的场所，在实地参观与探索中一起增进对家乡人文习俗的了解和认识，激发孩子对家乡人文习俗探索的兴趣。

◎ 拍摄一些孩子探寻学习时的视频或照片，与幼儿园老师一起分享交流，鼓励孩子和小伙伴、老师等分享自己对家乡的了解和认识，将自己的体验与感受用绘画、泥塑等多种形式进行表征记录。

孩子的体验

◎ 了解自己家乡的风俗习惯和历史传说，感受家乡的民俗文化，对家乡的认知由原来的模糊到逐渐清晰。

◎ 通过和父母一起查阅资料、实地探访、亲身体验等方式，共同探寻家乡的人文风俗，在每一次体验中获得寻觅的乐趣。

◎ 亲子在共同了解家乡人文习俗的过程中，在初步获得对家乡的归属感的同时，还能享受亲密的亲子时光。

父母的体验

◎ 尝试以一名倾听者的角色了解孩子对于家乡人文习俗中的已有认知，在探寻的过程中充分尊重孩子，鼓励孩子勇敢表达自己的想法。

◎ 以日常生活中可以接触到的家乡民俗为切入点，丰富孩子对人文习俗的认知，保护和传承家乡人文民俗。

◎ 在与其他家庭结伴组织探寻家乡民俗的亲子活动中，实现教育观念和方法的思想碰撞，学习和借鉴其他家庭的科学有效的教育策略。

可拓展体验

◎ 和孩子说一说或在地图上找一找自己家所在地区的名称，在认识家乡位置的基础上，初步获得空间方位的感知，能积极且自豪地介绍家乡。

◎ 和孩子一起实际参与或设计一次有关家乡人文习俗的活动，如欣赏当地民俗艺术，参与制作家乡特产等，在亲身参与中激发对家乡的热爱。

◎ 和其他家庭组成同伴结盟小组，共同分享自己了解的家乡人文习俗；家庭小组外出参观与探索，利用优秀的民间文化素材，开展具有本土文化内涵的亲子活动。

家庭教育指导师指导建议

◎ 利用家乡历史文化名人资源，为孩子提供热爱家乡、建设家乡的榜样人物的故事，使孩子萌发建设家乡的愿望。

◎ 组织家庭之间的主题分享活动，鼓励每个家庭积极分享自己知晓或经历的家乡人文习俗，探寻趣事。在交流分享中获得更多家乡人文习俗知识，激发传承和发扬情怀，以及对家乡、对祖国的归属感、自豪感和热爱之情。

"幸福家庭"积极体验之

参加公益活动

参加公益活动可以促进孩子良好社会行为的发展。和孩子一起参加公益活动,家长或许可以惊喜地发现孩子的语言表达能力和人际交往能力得到了提高,亲子配合的默契度得到了增强,并且在潜移默化中培养了孩子分享、谦让、帮助他人等良好社会行为,培养孩子的同情心和同理心,并让其学会感恩。

褚琚琪 绘(6岁11个月)

父母这样做

◎ 帮助孩子了解什么是公益活动，并向孩子介绍生活中常见的公益活动，如环保活动、慈善活动、志愿服务活动等。3—4岁的孩子可以和父母一起参加植树、清理环境等公益活动。4—5岁的孩子可以走进敬老院、参加回收废旧物品、社区环保等公益活动。5—6岁的孩子可以和父母一起参加并组织慈善义卖、爱心援助、社区志愿服务等公益活动。

◎ 帮助孩子了解各类公益活动，活动前亲子在家中一起制订活动计划，鼓励孩子主动承担一些活动任务。活动中将主动权交到孩子手里，鼓励孩子积极与他人沟通交流，关注孩子的情绪状态和问题，及时给予帮助和支持。

◎ 拍摄孩子参加公益活动时的照片或视频，发送给老师，鼓励孩子在公益活动后说说、画画自己的感受、体验，让孩子的公益行为被"看见"。通过社交网络分享等方式，强化孩子的亲社会行为。

孩子的体验

◎ 通过参与公益活动，愿意主动帮助、关心、尊重他人，增强胜任感，培养同情心和同理心，并学会分享和感恩。

◎ 在主动帮助别人时获得满足感和成就感，认识到自己的能力，肯定自己的价值，初步激发为他人乃至社会奉献、担当的责任意识。

◎ 感受和父母一起参加活动的满足感，享受亲子活动的幸福时光，增加想和父母参加更多亲子活动的兴趣和愿望。

父母的体验

◎ 通过公益活动回馈社区，为他人送去关爱和温暖，增强自身参与公益活动的热情、积极性和认可度，获得成就感、满足感和归属感。

◎ 在公益活动中达成高质量陪伴孩子的效果，增强亲子配合的默契度，促进良好亲子关系的形成。

◎ 与其他家庭共同参与公益活动，明确公益服务和分工，在交流互助中和孩子共同学习团队分工与合作。

可拓展体验

◎ 利用生活中的机会和角色游戏，帮助孩子了解与自己关系密切的社会服务机构及其工作内容，如商场、邮局、医院等，体会这些机构给大家提供的便利和服务，懂得尊重工作人员的劳动，珍惜其劳动成果。

◎ 让孩子了解有关公益服务活动的重要节日，如植树节、学雷锋纪念日、国际志愿者日等，以此为基点参与相关公益活动，激发孩子乐于助人和承担责任意识。

◎ 鼓励多个家庭的孩子之间形成公益志愿小组，形成由孩子发起、组织、参与的公益活动，让孩子体会经过努力获得的成就感和满足感。

家庭教育指导师指导建议

◎ 利用家长资源和社区资源，让孩子有机会接触到各行各业的服务人群，体验他们的生活，感受服务人员的辛苦，学会尊重、包容和感恩。

◎ 组织家庭开展公益主题分享活动，鼓励父母和孩子积极分享参加公益活动的感受与体验，在交流分享中实现家庭间公益活动经验的互相借鉴，促进更多公益活动行为的产生。

"幸福家庭"积极体验之

寻访喜欢的英雄人物

每个孩子心中都有一个英雄。英雄有榜样的力量,给予孩子勇气、希望和力量。亲子共同寻访喜欢的英雄人物,近距离接触英雄,感受其人格和品质,能使孩子树立起崇敬英雄、学习英雄的情感,同时能帮助孩子在寻访中逐渐提高与人交往、勇于表达的能力。

褚琚琪 绘(6岁11个月)

父母这样做

◎ 利用身边的博物馆、英雄人物故居，结合有声阅读等资源，挖掘红色故事，聆听名人事迹。4—5岁的孩子可与父母一起寻访家乡的名人故居或聆听英雄的故事。5—6岁的孩子可与父母一起在旅游等活动中寻访中国的英雄人物，在寻访实践中，用足迹传承红色基因，增强爱国、爱家的情感。

◎ 和孩子一起寻访英雄人物，用他们容易接受、理解的方式讲解，寻访后可询问孩子的感受，了解孩子对英雄的感悟，家长也借此机会把自己的感受传达给孩子，形成共识。

◎ 拍摄孩子寻访时的视频或照片，家庭成员一起动手制作"英雄人物红色故事集""寻访日志""小记者采访手记"等，将其布置在家中的某个地方，并鼓励孩子把寻访途中的见闻与幼儿园的老师、同伴一起分享。

孩子的体验

◎ 通过寻访活动，了解真正的英雄都有着共同的崇高品质，如不屈不挠、临危不惧、机智勇敢、不怕牺牲等。

◎ 运用自己熟悉的"采访""看地图寻找"等方式进行寻访活动，体验"我可以"的成就感，并在寻访中逐渐提高与不同人交往、勇于表达等能力。

◎ 在和父母一起寻访的活动中，感受一家人对英雄人物的崇敬，体验与往常不同的亲子交流感受。

父母的体验

◎ 了解自己孩子对英雄人物的认知，通过共同寻访活动，与孩子一起查找资料、了解事迹、制作故事集等加深亲子感情，感受共同参与的亲子意义。

◎ 寻访中家长能通过倾听、交流等，了解此年龄段孩子对英雄的理解，以及对寻访活动的兴趣程度，鼓励孩子大胆地表达自己的想法。

◎ 与其他家庭结伴进行亲子活动或分享交流时，能借鉴同伴的好方法，运用更为有效的家庭教育策略或方法。

可拓展体验

◎ 寻找本地的一些英雄人物，参观家乡英雄人物的故居等，加深对家乡英雄事迹的了解，增强爱国、爱家乡的情感。

◎ 结合当前的社会特质，寻找现当代社会乃至我们身边的英雄，拓展对英雄的理解。

◎ 会用积累的寻访经验，进行其他的类似活动，如"跟着地图去旅游""寻访无锡泥人博物馆"等，增强幼儿在实际环境中交往、探索的能力。

家庭教育指导师指导建议

◎ 开展"我心目中的英雄""英雄故事会"等家庭分享活动，为幼儿提供分享交流、展示寻访成果的平台。

◎ 借助亲子营活动进行寻访活动交流，帮助家长梳理适宜幼儿年龄阶段学习的英雄人物事迹、寻访路线等，为父母提供适宜的教养建议。

"幸福家庭"积极体验之

讲家庭故事

家庭是孩子的第一生活和学习场域,是孩子迈向社会生活的重要台阶。通过"讲故事"的家庭交流方式,让孩子了解尊老爱幼、孝顺父母等社会公德,养成好思想、好品行和好习惯。在营造浓郁的家庭文化环境的同时,感受家人对家庭的关注与热爱,并在其中逐渐形成向上向善的价值观。

张凌菲 绘(6岁7个月)

父母这样做

◎ 全家共同约定讲家庭故事的时间，分享自己的家庭故事，故事内容可围绕孝心、团结、诚信、勤俭、治学等。4—5岁的孩子倾听长辈讲述家庭故事后，能基本完整地讲述自己所闻的故事。5—6岁的孩子和父母一起收集家庭小故事的素材，了解自己家庭的家风家训，能有序、连贯、清楚地讲述自己的家庭故事。

◎ 和孩子一起梳理关于自己家庭故事的特性，形成家庭成员间的公约。家长可以将一些有代表性的家风家训内容，如亲情陪伴、乐于助人、终生学习、孝顺老人、勤俭节约等现代家庭理念融入特定的家庭故事中，提升孩子对家庭故事的内涵理解。

◎ 拍摄孩子讲述家庭故事的视频或照片，家庭成员一起动手制作"我家的小故事"家风家训小册子等，或全家定期一起分享家庭故事，丰富家庭故事的内容，并鼓励孩子把自己的家庭故事与幼儿园的老师、同伴一起分享。

孩子的体验

◎ 理解家庭故事的意义，并能在讲述家庭故事过程中，了解自己家庭中良好的家风家训。
◎ 通过表征、语言交流等形式，积累讲家风家训类家庭故事的经验，并在其中逐渐形成向上向善的价值观。
◎ 在和父母一起收集、了解、讲述家庭故事的过程中，感受家人对家庭的关注与热爱。

父母的体验

◎ 能将家庭故事与经典的家风家训内容紧密结合，建设相亲相爱的家庭关系，弘扬向上向善的家庭美德、社会公德，并逐渐升华爱家爱国的家国情怀。
◎ 体验每一次与孩子一起讲述家庭故事的内心感受，家庭成员树立牢固的新时代家庭观，对幼儿的表述及时给予肯定。
◎ 与其他家庭结伴进行亲子活动或分享交流时，能借鉴同伴的好方法，运用更为有效的家庭教育策略或方法。

可拓展体验

◎ 通过公益广告、图书阅读、社区公益宣传栏等，寻找社会关注的家风家训，走出"小"家，融入"大"家，营造向上的社会风尚。
◎ 邀请祖辈讲述家庭的"老故事"，让孩子在故事中寻找家族精神力量，体验与其他家庭的不同之处。
◎ 到博物馆、美术馆等地方，寻找社会发展前后的变化（如建筑、工作种类、衣食住行等），体验图片、文字等记录方式，是帮助孩子有效记忆的重要方法，并会影响到自己的生活。

家庭教育指导师指导建议

◎ 开展"讲家庭故事"图片（照片）、视频（音频）展，借助活动，为孩子提供分享交流、讲述家庭故事的平台。
◎ 鼓励家庭之间举办故事分享沙龙，与幼儿一起梳理中华传统家风家训小故事，在分享交流中实现家庭传统美德的传承。

了解当季食材营养

古人讲"不时不食",指吃东西要应时令、按季节,才能顺应自然,助于营养。父母创造机会带着孩子实地了解认识当季食材,在亲身体验和实际操作中感知和发现自然界中植物的生长变化和食材中蕴含的丰富营养元素,逐渐形成多吃当季新鲜蔬果的意识,这会是孩子特别的生活体验。

郑景曦 绘（6岁4个月）

父母这样做

◎ 家庭生活中，家长可以创造机会带孩子去菜市场、超市或田园观察和了解当季食材。对于3—4岁的孩子，要引导他们运用感官去观察和感知当季食材及其特征。4—5岁的孩子，可尝试对比不同果蔬的异同，通过简单的图画进行记录。5—6岁的孩子，通过学习季节变化的周期性，来了解四季常见食材及其营养价值，并用图表或符号记录下来。

◎ 家长可以根据不同季节，引导孩子通过亲身体验和实际操作来获得有关果蔬自然生长和成熟的新经验。如和孩子一起去种植园采摘当季成熟的蔬果。可以利用阳台或家中空地自行种植，在亲身感知中，了解不同果蔬的播种时节、生长规律等。

◎ 亲子定期制订当季食材小菜谱，将营养价值具象化表现，如吃到了当季的春笋，标记表示利于肠胃等。引导孩子打卡记录食材和营养元素，学习根据菜谱记录均衡膳食，养成孩子不挑食、不偏食的好习惯。

孩子的体验

◎ 愿意和家人一起去逛超市、菜市场，观察和了解当季食材。认识超市果蔬区、肉禽生鲜区的食材，知道当季的食物新鲜又营养。

◎ 与父母共同制订当季食谱，了解当季食材及其营养价值，逐渐形成多吃当季新鲜蔬果的意识，养成科学餐饮习惯。

◎ 体验与父母一起查阅资料、播种和采摘当季食物的亲子活动之趣，在图画、符号记录的探究过程中获得自我成就感。

父母的体验

◎ 通过亲身感知、共同查阅资料等方式，在陪伴和引导中与孩子一起认识当季食材及其丰富的营养价值，培养家庭科学餐饮观。

◎ 通过打卡记录活动，引导孩子多吃时令菜品，均衡饮食营养，有效培养孩子"光盘行动"意识。

◎ 了解科学家庭教育方法，在菜市场观察、种植园采摘和种植蔬果等实践活动中，父母能看到孩子是不断发展、令人充满期待的个体，有意识鼓励幼儿独立自主地发展。

可拓展体验

◎ 当季食材上市的时候，父母可以带孩子去农场、果园等地进行实地观察与采摘，在自然劳作的过程中，加深对当季食材的直观形象认知。

◎ 多组家庭一起相约去种植园，在采摘活动中举行趣味比赛，说出当季食材的名称和营养价值，比比采摘的数量，鼓励孩子们之间相互学习。

◎ 结合"爱眼日""爱牙日"等节日，和孩子一起了解哪些当季食材更有营养，对眼睛等身体部位比较好。

家庭教育指导师指导建议

◎ 组织家庭间开展"当季食材"知识小竞赛，鼓励孩子们积极参加，相互学习。

◎ 结合家庭的具体案例开展沙龙研讨，总结有效经验，帮助父母解决当季食材营养方面的问题或困惑，为孩子提供科学的膳食营养搭配。

"幸福家庭"积极体验之

制订健康生活作息表

健康的生活作息能够帮助孩子养成良好的生活习惯,实现自我管理与自我认同。鼓励孩子尝试和父母一起制订一份适合自己的生活作息表,能够帮助家庭成员清楚一日家庭生活中不同时间段各自需要做的事情。制订健康生活作息表不仅能帮助孩子建立有序的生活作息,而且能帮助孩子养成自我管理的好习惯,实现自我认同。

郑佑翕 绘(6岁1个月)

父母这样做

◎ 亲子时光中，和孩子聊聊一天中固定做的事情，以及做每件事情需要的时长。和 4—5 岁的孩子一起讨论什么是健康的生活作息。鼓励 5—6 岁的孩子调查身边同伴的生活作息，制订出适合自己的作息表。

◎ 和孩子一起制订生活作息表，认真倾听孩子的想法，鼓励孩子用绘画等形式尝试记录，也可以提供时钟、小黑板等材料，帮助孩子遵守健康生活作息。

◎ 在遵守并执行生活作息表内容时，实行每周打卡活动。若一周能自觉遵守并坚持执行，则给予一定奖励，分享成功秘诀；反之，一起分析没有完成的原因，激励孩子下次努力完成计划。

孩子的体验

◎ 通过制订健康作息计划，能保持有规律的生活，养成良好的作息习惯，如：早睡早起、坚持午睡、按时进餐、独立入睡等。

◎ 能尝试按照自己制订的作息表独立遵守并坚持执行，在遇到困难想改变作息计划时，能够坚持而不轻易放弃。

◎ 在遵守并执行健康作息计划时，体验自律的生活，在自我管理中树立自尊和自信，实现自我认同。

父母的体验

◎ 作为计划制订的参与者和实施者，对于父母和孩子而言，这是一个相互监督的过程，父母要以身作则，在家庭中树立榜样。

◎ 在健康生活作息的实施过程中，发现孩子的自我管理能力，认可孩子作为独立个体的主观能动性，和孩子一起养成健康的生活习惯。

◎ 和其他家庭结伴交流分享时，学习其他家庭的好方法，实施更多有效的激励措施，更好促进孩子养成健康生活作息。

可拓展体验

◎ 在"家园共育"平台上发布"21 天好习惯"打卡亲子活动，如：清晨喝一杯白开水、帮父母做一件家务、做一项运动等，培养孩子坚持的品质。

◎ 家庭结伴进行亲子活动或参与社区活动时，举办"好习惯"分享活动，父母和孩子可以在活动中交流自己的好习惯；针对低幼年龄段的孩子可以举办"自理能力"比赛，提高孩子的自我服务意识。

◎ 父母尝试让孩子完成一次家庭计划，如：一次旅行计划、家庭野营计划、每月读书计划等，培养孩子有计划地完成每件事。

家庭教育指导师指导建议

◎ 在亲子家庭日中，建议各位父母分享孩子作息好习惯的精彩瞬间，晒晒"萌娃的生活作息表"，对孩子坚持的好习惯进行表扬和奖励。

◎ 将切实有效的经验在家庭开展推广，帮助更多父母解决在养成健康生活规律中出现的问题，加强园外家庭间的互学共助。

"幸福家庭"积极体验之

学习表达情绪

一日生活中,孩子常常会有开心、愤怒、激动、恐惧、嫉妒等积极或消极情绪,成人应善于捕捉孩子的情绪,并且接纳和认可孩子的各种情绪状态,帮助孩子适度表达和合理宣泄,相信孩子是有能力管理自己情绪的独立个体。孩子学习表达情绪,可以促进亲子间的良性互动,发展亲密的情感关系。

孟珈仪 绘(6岁5个月)

父母这样做

◎ 引导孩子知道情绪无好坏之分，尝试接受、识别归类和管理自己的情绪。和3—4岁的孩子一起阅读绘本，帮助他们识别自己的情绪，了解不同类型情绪的名称。鼓励4—5岁的孩子表达并分享自己的情绪，引导并鼓励孩子用词语表达情绪；孩子发脾气时不硬性压制，等孩子平静后再沟通交流。鼓励5—6岁的孩子在人际交往中识别并合理调控情绪，创设让孩子体验消极情绪的场景。

◎ 在日常生活中，父母为孩子树立表达情绪、管理情绪、宣泄情绪的榜样，用适度的方式表达和疏解消极情绪，如生气时不乱发脾气、不迁怒于人等。

◎ 为孩子设计一张学习表达消极情绪的表格，当孩子能表达和调控自己的消极情绪时，父母可奖励一个小贴纸，集满5个可以换一个奖品。通过代币法让孩子逐渐学会表达消极情绪，将好方法与其他家庭共享，互相学习，交流经验。

孩子的体验

◎ 能够识别并接纳消极情绪，知道合理表达情绪有益于身心健康，知道引起自己消极情绪的原因，掌握表达消极情绪的方法，学会合理宣泄，不乱发脾气。

◎ 当在挫折情境中出现消极情绪时，能及时发现并努力缓解，通过自我调节形成不怕困难、积极主动的良好品质。

◎ 学会表达自己的情绪，愿意把自己的消极情绪告诉父母，通过彼此的倾听交流和肢体接触，感受父母的亲密陪伴，在倾诉中体会父母的关心。

父母的体验

◎ 了解孩子身心发展特点，树立良好的榜样形象，帮助孩子学习恰当表达消极情绪的方法，在与孩子沟通交流中不断更新育儿观念和知识。

◎ 当孩子成功运用表达消极情绪的方法来缓解情绪时，父母可以看到幼儿是有能力的个体，应及时表扬和肯定孩子，愿意放手让孩子体验更多的情绪。

◎ 在孩子分享消极情绪体验时，走进孩子内心情感世界，读懂孩子的想法，在亲子交流中享受亲密无间的愉快时光。

可拓展体验

◎ 带孩子体验各种人际环境，如利用走亲戚、到朋友家做客或者客人来访的时机，鼓励孩子跟成人或同龄人建立关系，在相处中识别、管理自己的情绪，相信自己可以调控消极情绪。

◎ 结合心理健康节日开展家庭亲子活动，如分享有关情绪的绘本，和孩子一起了解心理健康的重要性。

◎ 寻找社区专业的心理服务人员，通过与专业人员的沟通交流，学习调控情绪的小技巧，并将好方法运用到日常家庭教育中。

家庭教育指导师指导建议

◎ 可针对具体情况提供一对一情绪调节的指导，帮助父母捕捉并识别孩子的消极情绪，帮助父母学习并掌握应对孩子消极情绪的策略与技能。

◎ 组织家庭开展恰当表达消极情绪的主题分享活动，鼓励父母积极分享育儿经验，互相学习。

"幸福家庭"积极体验之

学会照顾自己

自己吃饭、穿脱衣服、整理物品、寻找游戏小伙伴……孩子学习照顾自己,会独立开展一日生活,是其走向自立自理的标志。成人要给予孩子自我服务与锻炼的机会,让其自己的事情自己做。孩子学习照顾自己的过程,也会是成人惊喜地发现孩子巨大学习潜能的过程。

王梓涵 绘（5岁11个月）

父母这样做

◎ 在家提供有利于孩子生活自理的条件。提供一些纸箱、盒子给2—4岁的孩子，引导孩子收拾和存放自己的玩具、图书和生活用品等。提供一些有纽扣、拉链的衣服或袜子给4—5岁的孩子，帮助他们学会穿脱衣物和鞋袜。提供不同大小的豆子和筷子、有鞋带的鞋子给5—6岁的幼儿，帮助他们练习用筷子夹物和学会自己系鞋带。

◎ 在日常生活中，父母可以和孩子一起观看安全教育视频，教给孩子简单的自救和求救方法；也可以和孩子一起外出，结合生活实际对幼儿进行安全教育，如需要遵守交通规则、不跟陌生人走、不吃陌生人的东西、不在河边和马路上玩耍等。

◎ 和孩子一起制订一张"我会……"记录表，每隔一段时间和孩子一起统计孩子自己掌握的本领。父母可以采用进阶式鼓励的方法，如学会多少本领可以满足孩子一个愿望，并和其他家庭一起分享好方法，互相学习交流。

孩子的体验

◎ 学习掌握了生活自理的基本方法，如穿脱衣服和鞋袜、洗手洗脸、擦鼻涕、擦屁股的正确方法。

◎ 具备基本的安全知识，如外出时不离开父母的视线、不吃陌生人给的食物、不做危险的事情、认识常见的安全标识、不允许别人触摸自己的隐私部位等。

◎ 掌握简单的自救和求救的方法，如记住自己家的住址、电话号码、父母姓名和单位等；遇到紧急情况时，知道要拨打110、120、119等求救电话。

父母的体验

◎ 创设有利于孩子自理的条件，鼓励孩子做力所能及的事情。用适宜的方法对孩子的尝试与努力给予肯定，不因做不好或做得慢而包办代替，学习育儿理念和方法。

◎ 通过同孩子一起观看视频、亲身体验、言传身教等方法，提高孩子的安全意识，使其掌握必要的保护自己的方法。同时父母应树立好榜样，以身作则。

◎ 与其他家庭分享交流时，共同探索更有效的家庭教育方法和策略。

可拓展体验

◎ 父母要相信孩子，为孩子提供更多学习自理的机会，如：外出旅游时，让孩子自己整理需要的物品；定期整理自己的房间等。

◎ 和社区或幼儿园小伙伴一起定期举办"安全小达人"知识竞赛，通过比赛的方式，让孩子熟练掌握安全知识。

◎ 联系社区，让孩子和幼儿园的小伙伴一起定期去社区养老院慰问老人，为他们做一些力所能及的事情。

家庭教育指导师指导建议

◎ 组织家庭开展如"我最能干"的主题分享活动，鼓励父母积极分享，激发孩子的成就感。

◎ 将家庭间优秀的活动形成案例进行推广，为更多的父母提供兼具实用性和可操作性的育儿方法。

"幸福家庭"积极体验之

坚持一项运动

大多数孩子天生喜欢运动,运动能让孩子拥有强壮的身体。坚持一项运动,不仅需要一定的运动技能和养成良好的运动习惯,更需要坚持、专注、毅力等优秀品质。成人和孩子共同选择适宜的运动项目和运动场地,在固定时间段和孩子一起进行运动锻炼,让自己家成为一个热爱运动的家庭。坚持下去,将会有更多的收获。

孟珈仪 绘（6岁5个月）

父母这样做

◎ 选择适宜的运动，激发孩子的运动欲望和运动潜能，让孩子体验合适的运动项目。如3—4岁孩子适合平衡车、滚球、慢跑、游泳等。4—5岁孩子适合连续拍球、攀爬、走平衡木等。5—6岁孩子适合骑两轮自行车、跳绳，以及足球、篮球、乒乓球、羽毛球、网球等运动项目。

◎ 需要循序渐进、科学合理地安排运动时间及运动强度。如每周或每天在固定时间段进行亲子运动，时长可根据家庭实际情况从30分钟到60分钟不等，还可稍加延长。

◎ 鼓励孩子主动将在幼儿园户外运动时的运动方法、技能运用在亲子活动中，并及时拍摄孩子在家运动的精彩瞬间，发到班级群或发给班级老师、亲友，及时肯定孩子在运动中的坚持、进步并发现其优势项目。

孩子的体验

◎ 尝试、体验各种运动项目如：跑步、游泳、球类、骑行类、攀爬类运动，了解不同的运动技能、运动注意事项等，增强身体素质。

◎ 在亲子运动时，通过语言沟通、肢体互动交流等方式，享受愉快的亲子时光。

◎ 提高和增强运动技能和身体素质的同时，养成热爱运动的好习惯，获得完成挑战和任务后的满足感和成就感。

父母的体验

◎ 了解孩子在不同年龄段的生理特点、运动要求、运动爱好和运动强度，通过和孩子共同体验运动项目，扩大自己在运动方面的知识面。

◎ 坚持一项运动时，家长能逐渐发现孩子是有能力的个体，可以循序渐进地完成一次又一次的运动挑战，孩子的身体素质越来越强，逐渐养成坚持和自律的良好品质。

◎ 在亲子坚持共同运动的过程中，父母会成为孩子体育锻炼时的好教练、好陪练、好队友，让亲子关系迅速升温，有利于培养亲密关系。

可拓展体验

◎ 父母可以为孩子准备多种体育活动材料，提供尝试和体验不同运动项目的机会，让孩子自主选择一项运动并坚持下去。

◎ 多鼓励孩子参加运动竞赛类活动，如班级的户外体验活动、幼儿园的亲子足球赛、社区的小型运动聚会、运动机构的运动考级和比赛等。

◎ 观看体育赛事，如亚运会、奥运会、世界杯等，了解国家优势运动项目、优秀运动员，激发孩子的运动强国理想。

家庭教育指导师指导建议

◎ 组织家庭开展如"小小足球赛""跳绳小达人"的亲子活动，鼓励家长积极参加，统一运动装备，准备比赛口号，体验比赛过程，感受运动激情。

◎ 结合班级家庭的具体运动项目，开展年级故事分享活动，总结有效经验，帮助更多家庭形成亲子共同运动习惯，为家长提供科学适宜的教养建议。

"幸福家庭"积极体验之

现场观看体育比赛

呐喊声、尖叫声、欢呼声……和孩子一起现场观看一场体育比赛,会是孩子童年生活中一次难忘而独特的体验。观看体育比赛不仅能够让孩子了解相关运动知识,还能获得如何取得比赛胜利、如何看待失败结果等认知。观看现场体育比赛尤为强调爸爸的参与,因为体育比赛现场呈现出的激情、力量等元素与男性特征更为匹配。

郑佑翕 绘(6岁1个月)

父母这样做

◎ 和孩子一起聊聊各自喜欢的运动项目，喜欢这项运动的原因，如这项运动能让你跑得更快，跳得更高、更远等。5—6岁孩子可以和父母一起通过多媒体了解一些国际上的重大运动赛事、相关运动项目的规则和运动员的运动生涯等。

◎ 作为父母，尤其是爸爸要了解体育赛事举行的时间，提前和孩子制订观看比赛的计划，如观看的时间、地点，和谁一起同行，需要准备哪些装备等。如果孩子不了解这项运动，父母还须提前给孩子讲述该项运动的规则，激发孩子观看比赛的兴趣。

◎ 拍摄比赛的精彩瞬间，将其打印出来，布置在家中的成长墙上，鼓励孩子画出观看现场比赛的感受，将这次难忘的经历通过表征的方式记录下来。

孩子的体验

◎ 了解体育赛事的相关内容，如赛事名称、举办时间和地点、运动项目、运动员等，激发孩子对体育运动的热爱之情。

◎ 能主动和父母一起制订观看比赛的计划，并就计划出主意；比赛中和父母相互交流比赛情况，一起感受现场观看体育比赛的激情。

◎ 观看比赛过程中，能与运动员同喜同忧，用他们的运动精神鼓舞自己，学习他们奋力拼搏、坚持到底的优秀品质。

父母的体验

◎ 父母带孩子一同现场观看体育比赛，在和孩子一起感受体育运动魅力的同时，亲子关系也能迅速升温。

◎ 此类亲子活动尤为凸显爸爸的作用，建议平时忙碌的爸爸放下手中的工作，尝试耐心和孩子交流感兴趣的运动话题，增进父子或父女之情。

◎ 通过组织家庭间的联动，增加家庭之间的交流和互动，大家分工协作，让孩子们更好地参与这次体验活动。

可拓展体验

◎ 父母培养孩子爱运动的习惯，根据孩子自身情况，选择一项喜欢的运动项目并坚持下来，如跑步、跳绳、游泳等。

◎ 幼儿园或社区定期举办"小小运动会"，组织开展一场亲子运动会，提高成人和孩子参加运动锻炼的积极性。

◎ 利用周末或者节假日时间，带孩子参观体育场馆、博物馆等，帮助孩子了解更多体育方面的知识。

家庭教育指导师指导建议

◎ 鼓励家庭开展体育比赛主题分享活动，让孩子们分享自己的观看体验，并通过图画表征的方式，在家庭亲子活动中分享自己的观看感受与体验。

◎ 组织社区或家庭统一现场观看体育比赛，在现场的浓烈气氛中帮助孩子了解更多体育项目和体育赛程，感受现场比赛的激情，帮助孩子学习运动员身上坚韧、拼搏的精神品质，为孩子日后成长为体育小健将奠定基础。

"幸福家庭"积极体验之

一起做家务

做家务是家庭日常生活的一部分,有助于形成家庭生活共同体,增强孩子自身的价值感和责任感。适合孩子的家务劳动有整理自己的床铺和玩具、擦桌子、摆碗筷、剥毛豆、择青菜等。和孩子一起做家务,家长不仅要耐心指导孩子完成一些力所能及的劳动,也要转变观念,相信孩子是有能力的个体。和孩子一起做家务的过程,是孩子了解父母的辛苦,父母增进亲子互动、建立亲密亲子关系的良好契机。

褚琚琪 绘(6岁11个月)

父母这样做

◎ 在家有意识地创造机会和孩子一起做家务，积极鼓励，为孩子完成的每一件小家务点赞，肯定孩子是勤劳的。3—4岁的孩子可以和父母一起择菜，在简单的家务中感受劳动的乐趣。4—5岁的孩子可以学习擦桌子、摆碗筷，为家人做力所能及的事情。5—6岁的孩子尝试清洗自己的袜子、整理床铺等，掌握劳动技能的同时也逐渐养成爱劳动的好习惯。

◎ 和孩子一起做家务时，主动和孩子交流，关注孩子可能遇到的问题并给予帮助。倾听孩子在劳动中的感受，一起分享家庭劳动的乐趣。

◎ 拍摄孩子劳动时的视频或照片分享给幼儿园老师，和孩子一起设置家庭"劳动小能手"榜单，鼓励孩子劳动后说说、画画自己的感受体验，让孩子的劳动行为可"看见"。

孩子的体验

◎ 学习家庭劳动小技能，如擦桌子、择菜、洗袜子等，提高动手能力，养成热爱劳动的好习惯。

◎ 和父母一起做家务时，通过语言交流、动作互动，感受父母的亲密陪伴，在劳动中享受愉快的亲子时光。

◎ 体验完成家务后的成就感，接受父母的鼓励和肯定，树立起家庭小主人翁意识，增强对自我服务能力的自信。

父母的体验

◎ 通过语言讲解、动作示范等指导孩子一起做家务，需要充分的耐心和适宜的方法，是父母提升育儿能力的好机会，也是全心投入陪伴孩子、享受亲密亲子时光的好机会。

◎ 劳动中父母能重新认识孩子，发现孩子是有能力的个体，可以完成力所能及的劳动，从而对孩子更加肯定，也更加愿意鼓励孩子并对其放手。

◎ 与其他家庭结伴亲子活动或分享交流时，能借鉴同伴的好方法，探索更为有效的家庭教育策略或方法。

可拓展体验

◎ 父母要信任孩子，提供更多鼓励孩子自我服务的机会，如去超市采购时和孩子一起制作购物清单，请孩子去货架上找相应的商品；外出徒步、野餐时，鼓励孩子一起摆放餐盘和食物等，让孩子成为家庭的小帮手。

◎ 让孩子和社区或幼儿园小伙伴组成模拟大家庭，共同分享、交流自己的劳动体验；或开展如剥毛豆比赛等小型活动，鼓励孩子学习同伴劳动时的好方法。

◎ 结合医师节、教师节等节日，开展家庭亲子活动，如"我知道的职业"等，让孩子了解父母以及其他职业的特点和对社会的贡献，使其萌发成为最美劳动者的愿望。

家庭教育指导师指导建议

◎ 组织家庭开展如"晒晒最美劳动娃"的主题分享活动，鼓励父母积极分享，鼓励并放大爱劳动的行为。

◎ 结合家庭的具体案例开展研讨，总结有效经验，帮助父母解决具体问题或困惑，为父母提供科学适宜的教养建议。

"幸福家庭"积极体验之

体验家庭急救

孩子在日常生活中发生划伤、流鼻血、烫伤之类的意外很难避免。具备基本的安全知识和自我保护能力,能避免意外的发生,或降低伤害的风险。和孩子一起进行家庭急救场景演练,帮助孩子学习如何应急处理各种突发的情况,提高孩子的自我保护能力和应急处理能力,提升孩子的安全意识。

赵朗晴 绘（6岁2个月）

父母这样做

◎ 结合家庭可能出现的急救场景，自身储备好必要的急救知识，家庭中准备好急救物资，以备不时之需。鼓励4—5岁的孩子学着用碘酒消毒、贴创可贴，会处理简单的伤口。教导5—6岁的孩子流鼻血时的正确处理方式，遇到情况不慌乱。

◎ 和孩子一起认识各种急救物资，如棉球、创可贴、绷带、冰袋、碘酒等物品，学习正确的使用方式。在真实的场景演练中，了解急救处理步骤，鼓励孩子积极参与、思考，学习家庭急救方法。

◎ 在急救场景演练后，和孩子分享演练的经验和感受，为孩子的勇敢、沉着、冷静点赞，对孩子遇到的问题进行分析并帮助其解决。

孩子的体验

◎ 学习简单的家庭急救方法，如包扎伤口、止鼻血、烫伤降温处理等，提高动手能力和应急处理能力。

◎ 认识各种家庭急救物资，通过父母讲解、真实操作等方式，了解棉球、创可贴、绷带、冰袋、碘酒等物品的作用和正确的使用方式。

◎ 在和父母一起进行家庭急救场景演练时，体验完成一次急救的成就感，进一步提升安全意识和自我保护意识。

父母的体验

◎ 在急救场景演练中，了解孩子已有的安全知识储备，发现孩子具备的自我保护能力，在孩子关心父母、保护家人时感受浓浓的亲情。

◎ 通过实物讲解、实景演练，和孩子一起面对家庭急救场景，把孩子视作家庭中有能力的一分子，给予其充分尊重和信任，认可孩子应对一些紧急情况时的处理能力。

◎ 在场景演练中，父母可以实时观察、时刻关注孩子对紧急情况的反应，对孩子遇到的问题或情绪及时予以解答或疏导，帮助孩子建立起应对家庭急救情况的良好心态，掌握基本的急救方法。

可拓展体验

◎ 相信孩子有自我保护的意识，为孩子准备一个专属的急救箱，鼓励孩子在生活中遇到小伤口时学会自主处理。

◎ 创设针对各种紧急情况的演练场景，如：走丢了怎么办？和他人发生冲突怎么办？进一步提升孩子面对各种问题时的应急处理能力。

◎ 结合亲子营活动，实地参观消防局、医院等真实场景，了解消防员、医生在工作中需要处理的各种紧急问题，感受安全生活、自我保护的重要性。

家庭教育指导师指导建议

◎ 组织家庭开展急救方法分享活动，请每个家庭根据自己的经验分享家庭常备急救物资和实用的急救方法，家长分享适宜的儿童急救指导方法。

◎ 组织家庭在社区中开展"家庭急救小课堂"活动，普及孩子们学到的急救知识，让社区内更多的家庭和孩子都能掌握基本的家庭急救小技巧。

"幸福家庭"积极体验之

学会认识邻居

社区生活不仅包含各自的小家庭生活,还有邻里间和睦相处、和谐交往的大家庭生活。家长鼓励孩子试着用语言表达、肢体动作等方式和周围邻居建立联系,增进对周边生活环境和人的了解,感受邻里间融洽的氛围。孩子在父母的言传身教下,尝试融入社区大家庭,在社区生活中初步萌生归属感。

郑景曦 绘(6岁4个月)

父母这样做

◎ 父母的身体力行具有榜样示范作用,在日常社区生活中让孩子学会认识邻居,和邻居和谐相处是一种必备的生活技能。可以鼓励3—4岁的孩子多和邻居打招呼。引导4—5岁的孩子将自己做的小点心送给邻居品尝。和5—6岁的孩子一起邀请邻居来家里做客等。

◎ 通过绘本、视频以及言传身教等方式让孩子了解邻里和睦相处的重要性。在日常生活中创造可能的条件鼓励孩子主动认识邻居,必要时给予帮助。

◎ 当孩子尝试和邻居沟通交流时,及时给予肯定和鼓励。同时关注孩子认识邻居后的感受,鼓励孩子积极分享交流感受,如有消极情绪及时帮助孩子疏解。

孩子的体验

◎ 了解小区有几栋楼,每栋有几层,每层有几户,熟悉的邻居住在几号楼几室,邻居们分别姓什么,有没有和自己一样大的小朋友等,增进对周边生活环境和人的了解。

◎ 学会认识邻居,在和邻居的沟通、交往中锻炼自己的语言表达能力和人际交往能力。在相处的过程中,感受邻里间和谐相处、互帮互助的温馨氛围。

◎ 和父母一起认识邻居,感受父母的言传身教,从而拉近与社区大家庭之间的距离,在社区生活中初步萌生归属感。

父母的体验

◎ 通过耐心鼓励、亲自示范等方式,陪伴孩子一起认识社区里的邻居。在此期间可能需要提前做好亲子间的配合,父母借此也能有更多亲近孩子和了解其内心想法的机会。

◎ 在认识邻居的过程中,父母见证孩子用自己的方式和邻居沟通交往的过程,对孩子的语言能力、交往能力有更清晰的认知,同时也许能欣喜地发现孩子总有自己解决问题的好办法。

◎ 和邻居之间组成共同生活大家庭,通过日常生活中邻里间的交往走动,为孩子找到更多社区内的小伙伴、好朋友,实现家庭间的互帮互助、和谐相处。

可拓展体验

◎ 带孩子去公园、动物园等游玩时,鼓励孩子主动结交小伙伴,认识更多同龄人,扩大孩子的交友范围。

◎ 生活中会遇到各种各样的环境或群体,鼓励孩子在新的环境中尝试和陌生人打交道或是融入新的群体。比如,在餐馆中请孩子试着向服务员点餐,充分发挥孩子的交往能力。

◎ 和更多周边家庭组成社区大家庭,在日常生活中经常来往,相约做客、一起出游,增进家庭间的情感联系。

家庭教育指导师指导建议

◎ 组织家庭开展"最美邻居"分享活动,通过绘画、聊天等方式,父母陪伴孩子一起分享自己认识的邻居,以及邻里之间的小故事,增进邻里间的关系。

◎ 结合孩子认识邻居过程中出现的交往小问题,开展一对一交流,帮助家长更好地指导孩子大胆地与人交往。

"幸福家庭"积极体验之

按计划实地采购

从小培养孩子制订计划的能力,可以逐步让孩子养成自主制订计划并按计划行事的习惯。让孩子学会做事有计划,就是对自己要做的事情有具体的时间规定,有准备、有措施、有安排、有步骤地进行。小到身边的点点滴滴,大到长期的目标追求,制订计划都是不可缺少的。而这种良好的习惯不仅能帮助孩子有条不紊地照料自己的生活,也能帮助他们提高做事效率,实现自我管理。

张洛铃 绘（6岁7个月）

父母这样做

◎ 在家和孩子一起讨论想要去哪儿采购，想要买些什么。3—4 岁的孩子可以在父母的帮助下尝试去超市买计划中的物品。和 4—5 岁的孩子一起制订采购计划，引导孩子用绘画的方式记录需要采购的物品，在采购过程中引导幼儿根据计划进行采购。让 5—6 岁的孩子自己制订一份采购计划单，用表征的形式记录下来，采购过程中尝试让孩子与超市人员沟通，说出采购计划内的物品。

◎ 对于孩子来说，按照计划做事情可以帮助孩子有条不紊地管理自己。父母通过和孩子一起制订生活中的采购计划，可以在真实场景中以游戏的形式帮助幼儿养成做事有计划的良好习惯。

◎ 和小伙伴一起分享自己的采购计划和结果，可以组织一次家庭亲子营活动，孩子们合作制订采购计划，并在结束后用绘画的形式表达自己的感受。

孩子的体验

◎ 和父母一起或独自制订采购计划，并能按照计划实地采购，体验自主制订并完成计划的成就感。

◎ 养成先思后行和按照计划做事情的良好习惯。

◎ 和父母一起制订计划时，通过语言交流感受父母的亲密陪伴，在采购中享受父母陪伴的亲子时光。

父母的体验

◎ 在制订计划时，通过言语交谈了解孩子对于制订计划的想法，尊重孩子的计划制订过程，将计划制订的决策权完全交给孩子。

◎ 通过语言讲解、亲身示范等引导孩子有计划地进行采购，在孩子用自己独有的方式制订计划清单和路线图时，发现孩子无限的潜能。

◎ 与其他家庭结伴共同采购时，发现孩子的人际交往能力，在借鉴其他家庭制订计划的好方法时，受到启发，实行更为有效的家庭教育策略或方法。

可拓展体验

◎ 父母要信任孩子，提供更多鼓励孩子制订计划的机会，如计划一次超市采购，计划一次饭后家庭活动等。

◎ 和社区或幼儿园小伙伴一起制订一份出游计划，孩子可以分工做不同的计划，比如采购计划、游戏计划等。

◎ 结合幼小衔接的主题，和孩子一起制订自己的每日计划，形成计划安排表。同伴之间可以相互分享自己的计划表。

家庭教育指导师指导建议

◎ 组织一次计划表分享活动，孩子们可以分享自己的一次计划安排表，同时鼓励父母积极分享与孩子一起制订计划时的趣事。表扬、鼓励孩子养成先思后行的习惯。

◎ 结合家庭的计划制订案例开展研讨，为引导孩子养成制订计划的好习惯总结有效经验，帮助父母解决具体问题或困惑，为父母提供科学适宜的计划制订建议。

"幸福家庭"积极体验之

做修理小助手

家庭生活中，很多坏了的物品是可以修理的。带领孩子一起完成一次修理挑战，尝试借助合适的工具，利用各种技能修理家中损坏的东西。这样的修理挑战，不仅提高了孩子的动手能力，还提供了孩子自我展示的机会，增强了孩子的自我胜任感。

陈彦嘉 绘（7岁1个月）

父母这样做

◎ 让孩子认识到生活中很多坏了的物品是可以修理好的，带领孩子一起尝试进行一次修理挑战。3—4岁的孩子可以通过摸一摸、看一看、用一用的亲身体验，尝试认识一些修理工具。4—5岁的孩子可以学习如何使用修理工具，知道正确的使用方法。5—6岁的孩子尝试借助工具进行修理，掌握修理技术。

◎ 当一件物品需要修理时，先不要扔掉，带孩子一起了解物品损坏的原因，尝试借助合适的工具进行修理。还可以带孩子寻找手艺人，体验修理的过程。如果孩子没能把物品修理好，也要肯定孩子的亲身实践，一起体验修理过程中的乐趣。

◎ 拍摄孩子修理物品时的照片或视频发送给老师，鼓励孩子主动做一张"修理物品小贴士"。在孩子修理完物品后，多鼓励多赞扬，调动孩子修理的积极性，养成节俭的好习惯。

孩子的体验

◎ 认识常见的修理工具，如锤子、螺丝刀、钳子、剪刀、扳手、针线等，提高动手能力。

◎ 了解不同的物品有不同的修理方法，需要使用不同的修理工具，学会一些基础的修理技术，获得自我胜任感。树立正确的金钱观，做到节俭和爱护物品。

◎ 在与父母一起修理的亲子体验中，不仅丰富了生活，也增进了与父母间的感情，有了一个在父母面前表现自我、展示个人能力的机会。

父母的体验

◎ 父母与孩子一起参加亲子修理活动，充分发挥了孩子的自主性和自我能动性，让孩子因兴趣而动手，在体验中学习，为亲子关系奠定了稳定的基础，是父母对自己能力、技能的一次锻炼和复盘，也是和孩子共同学习、进步的好机会。

◎ 在修理过程中，父母能和孩子在安静的氛围中对修理的物品有更加深入的了解，帮助家庭及时整合所需修理的资源，创造更舒适的生活环境。

◎ 父母可以以朋友的身份与孩子一起交流、探讨，减少"包办代替"，增强孩子的独立性和探索精神，启发更多有效的家庭教育方式。

可拓展体验

◎ 父母给予孩子更多探索的机会，鼓励孩子动手操作，了解相关的科学知识（如观察电动玩具是如何启动的，什么状况会阻止它们启动），要怎么应对相应的状况（如电路有没有问题，通过观察，又该从哪里找原因，怎么去解决等）。无形中父母带领孩子参与问题解决的过程，提升逻辑思维能力。

◎ 带着孩子和幼儿园小伙伴开展"修理日"主题活动，鼓励孩子学习一个修理技能，将各自需要修理的物品带去修理，体验一天"修理工"的工作，萌发爱护物品、珍惜物品的意识，学习使用工具和一些基础的技术。

◎ 参观修理厂，听听、看看修理工的工作，了解修理工的职业特点和工作的艰辛，体会修理的重要意义和价值。

家庭教育指导师指导建议

◎ 组织从事相关职业的家长开展"我的一天工作"分享交流活动，帮助孩子树立相关的职业观念。

◎ 开展家庭研讨，结合具体案例，对孩子成长过程中出现的问题形成正确的认识，为父母提供正确的育儿策略。

"幸福家庭"积极体验之

和朋友一起出游

和朋友一起外出游玩益处多多。家庭间结对，共同为出游选择游玩地点、制订出游攻略，为出游进行物质上的准备等，可以培养孩子的动手能力和规划能力。在出游中还能结交到新的朋友，在同伴交往中实现社会性学习与发展。

张洛铃 绘（6岁7个月）

父母这样做

◎ 父母应鼓励孩子积极主动地邀请一起出游的朋友，与朋友一起为出游做好准备。3—4岁的孩子可以尝试邀请自己的好朋友一起出游。4—5岁的孩子学习帮助父母做一些准备工作中力所能及的事情。5—6岁的孩子可以提出自己的想法，主动参与到准备活动中，亲手制作一起分享的美食或者给朋友的礼物。

◎ 尝试和孩子一起制订出游攻略，如提前做好具体的出游计划，提前预约购买门票等，可以用图画的方式记录下来，帮助孩子完成出游攻略。还可以直接带孩子体验一次短暂的出游，直接体验出游的真实场景，帮助孩子获得直接经验，打下良好的基础。

◎ 拍摄孩子出游的视频或照片并发送给幼儿园老师，和孩子一起为出游留下充满仪式感的记录，鼓励孩子说一说与朋友一起出游的感受，通过讲述、绘画表征等方式分享出游的感受。

孩子的体验

◎ 丰富出游过程中的情感体验和社会交往经验，在拓宽社交圈的同时，提高社会交往能力。

◎ 了解出游准备和攻略制订，增加出游前计划制订的体验感，提高动手能力和规划能力。

◎ 体验与父母和朋友出游的快乐，亲近大自然、感知大自然，增加亲子和家庭间的亲密关系。

父母的体验

◎ 父母能了解孩子的社交圈和社会交往水平，知道孩子逐渐成为一个独立的人，从而改变和完善家庭育儿策略。

◎ 通过讨论交流、共同参与等方式指导孩子做好与朋友出游的准备，提供适当的帮助和鼓励，这是促进亲子互动的好时机。

◎ 与其他家庭结伴出游时，能与其他家长进行分享交流，互相借鉴好方法，再转化为适合自己家庭的教育策略或方法。

可拓展体验

◎ 父母为孩子提供自主选择朋友和出游活动的机会，让孩子充分发挥主动性，如选择自己喜欢的地点出游，决定用什么方式邀请朋友，思考出游中可以进行什么有趣的活动等，还可让幼儿自己去购买物品和门票，体验购买的乐趣。

◎ 结合"中国旅游日"，策划一次家庭亲子活动，如"假如我是导游"，让孩子独立制订一次旅游攻略，完成自己的旅游计划。

◎ 进行"与朋友出游"的打卡活动，制作一张"出游地图"，通过照片、视频等方式，在地图上打卡。

家庭教育指导师指导建议

◎ 家中增添相关的绘本和教具，通过亲子阅读和亲子互动，带领孩子了解更为丰富的书本知识。

◎ 组织家庭开展如"难忘的一次出游"的主题分享活动，鼓励孩子讲述难忘的出游经历，鼓励家庭多举办亲子出游活动。

过中国传统节日

对于孩子来说，了解中国传统节日可以增加传统文化知识、提高文化修养、激发民族荣誉感。在了解中国传统节日的过程中，与孩子一起感受中华优秀传统文化的魅力，萌发对中华优秀传统文化的兴趣和学习热情，激发孩子对中华优秀传统文化的自豪感和热爱之情，有利于孩子初步建立民族归属感和认同感。

史佳茗 绘（6岁）

父母这样做

◎ 了解传统节日的来历、风俗民情等传统文化，在日常生活中注重引导孩子关注、了解传统节日。和3—4岁的孩子一起过节，感受节日的温暖氛围，增加感性经验。和4—5岁的孩子尝试一起策划节日活动，进行节日活动的准备工作，增强自主学习的体验。鼓励5—6岁的孩子尝试自主策划节日活动，父母做好协助工作，为孩子提供自由自主探索学习机会。

◎ 平时和孩子一起进行亲子阅读、观看关于传统节日的影像资料等，在过节时，注重创设环境氛围，和孩子一起开展相应的庆祝活动，如元宵节包元宵或做花灯、端午节包粽子、中秋赏月、清明踏青等。

◎ 拍摄孩子参与节日活动的照片及视频，以供欣赏和回忆。鼓励孩子用多种方式，如绘画表征、叙述等记录节日氛围和感受，进一步回顾和内化关于传统节日的知识经验。

孩子的体验

◎ 了解关于中国传统节日的知识，积累自主策划活动的经验，体验主动学习的乐趣。

◎ 增加对传统节日的感性认识，丰富生活经验，拓展文化视野，对中华优秀传统文化萌生兴趣。

◎ 体会与家人在一起的温馨愉悦感受，对中华优秀传统文化心生亲近与热爱，萌发热爱祖国的情感。

父母的体验

◎ 基于前期对于传统节日的认知，和孩子一同再次学习关于传统节日、文化的知识，于父母而言也是一次有意义的学习过程。

◎ 与孩子一起开展或参与庆祝活动，可以增进亲子感情，密切亲子互动，积累与孩子共同学习的经验。

◎ 在参与或协助孩子开展活动的过程中，能进一步了解孩子的学习特点、兴趣方向及行为方式，有利于不断反思发现，获取更适宜的亲子交流方式。

可拓展体验

◎ 在临近传统节日之际，邀请其他小朋友一起交流中国传统故事并据此创编表演节目，在亲身体验中加深对传统节日的认识。

◎ 和孩子一起实地参观，在亲身体验中加深对传统文化、节日的认知与感受，如清明节和孩子制作小白花去献给烈士陵园的烈士们，中秋节前后和孩子一起观察月亮的变化，重阳节进行赏菊活动等。

◎ 将优秀传统文化延伸至衣食住行各个方面，以传统节日为契机，进一步生成"传统服饰""中国书画""吟诵经典"等活动，从而更加深入、全面地了解和学习中华优秀传统文化。

家庭教育指导师指导建议

◎ 组织家庭开展关于传统节日的游戏或活动，如"包粽子比赛""舞龙灯""学做月饼"等，使学习过程趣味化，将相关经验立体化。

◎ 组织沙龙活动，用多种方式促进家长与幼儿交流经验、分享感受，进一步拓展传统节日活动的内容。

"幸福家庭"积极体验之

学做节气笔记

二十四节气是大自然更替变化规律的体现，其有助于孩子学习自然知识、观察与探索大自然。在学做节气笔记的过程中，家长与孩子一起感受自然节律的变化，探究自然的奥秘，可以更好地了解自然界万物的生存规律，借此提升幼儿的审美感知能力和艺术表现能力。

冯翌信 绘（5岁6个月）

父母这样做

◎ 在每一个节气到来之际,和孩子一起到户外观察,并引导孩子做节气笔记。引导4—5岁的孩子携带放大镜等工具学习观察,交流分享观察的结果和收获。鼓励5—6岁的孩子有计划地持续观察记录某一株植物的变化,并自行设计记录单进行表征记录。

◎ 了解有关二十四节气的知识,和孩子一起感受自然节律变化,学习相应的民间习俗,如春分立蛋、谷雨养蚕、立秋啃秋、冬至包饺子……让孩子对二十四节气产生兴趣与亲切感。

◎ 将孩子的节气笔记汇聚成册,配合活动当时拍摄的照片,并帮助其做一些简要的注释,形成孩子的学习档案,这是一份极为珍贵的成长记录。

孩子的体验

◎ 了解与积累有关二十四节气的知识,学习使用工具进行观察,用喜欢的方式进行表征记录。

◎ 运用多种感官感知自然的变化,在探索中发展观察、分析、归纳能力,萌发孩子对大自然的热爱。

◎ 与父母一起开展节气活动,感受共同学习的乐趣,激发孩子对传统文化的热爱。

父母的体验

◎ 与孩子一起了解节气知识,观察自然变化,这不仅是知识的学习,更是亲子交流的良好方式,使亲子关系更为紧密。

◎ 在做节气笔记的过程中,通过观察交流进一步了解孩子的认知特点和学习方式,优化教育理念,调整教育行为,使家庭教育进入良性循环的轨道。

◎ 感受自然学习与主动学习对孩子成长的意义,鼓励孩子多多参与相关的活动,积累丰富的认知经验。

可拓展体验

◎ 以"做节气笔记"为起点,进一步开展其他与二十四节气相关的各类活动,充分感知、学习传统文化。

◎ 寻找有相同兴趣的小伙伴家庭,共同开展节气活动,交流互动,增加学习的热情和持久性。

◎ 创造条件在节气当天带孩子参与农耕活动,进一步体验二十四节气对人们生活的意义,拓展知识经验。

家庭教育指导师指导建议

◎ 组织家庭间互动,一起策划开展形式多样的节气活动,除做节气笔记外,还可开展节气美食活动、农耕活动、节气诗词赏鉴活动等,丰富拓展活动内容。

◎ 结合孩子年龄与学习特点,让更多孩子参与节气活动,共同感受传统文化的魅力。

"幸福家庭"积极体验之

组织或参加读书会

3—6岁是孩子语言发展特别是口语发展的关键期。阅读是帮助孩子发展语言能力的有效途径。参加或组织读书会，能让孩子在自由、宽松、温馨的阅读环境中，培养爱读书、乐读书、会读书的习惯。在和同伴、成人交流的过程中想说、敢说、喜欢说，从而带动阅读理解能力、语言表达能力、人际交往能力等多方面的发展，进一步拓展学习经验。

冯翌仁 绘（5岁6个月）

父母这样做

◎ 在生活情境和阅读活动中引导孩子自然而然地产生对文字的兴趣。陪同3—4岁的孩子读绘本，培养其看书的兴趣，与4—5岁的孩子一起参加亲子读书会，分享读书的感受。带领5—6岁的孩子组织一场家庭间的亲子读书会，分享自己喜欢的绘本，进一步感受阅读带来的内心充盈。

◎ 带孩子一起到图书馆看书，到网上购书，充盈家庭书柜，设立家庭阅读角，创设温馨阅读环境。在积极参与其他伙伴组织的读书分享会的同时，和孩子一起思考、计划并组织一场读书分享会。

◎ 建议亲子一起制订读书计划，约定"家庭读书时间"，倾听孩子的阅读感受，增进亲子交流，并撰写家长陪读感悟。

孩子的体验

◎ 在享受温馨图书角的同时，萌发对书籍的喜爱，实现认知经验的提升与发展，做阅读的小主人。

◎ 在读书中体验获取知识的幸福感，提高语言表达、书写与阅读能力，实现喜欢读书、主动读书的良性循环。

◎ 在组织或参与读书会的过程中，感受父母的亲密陪伴与支持，享受愉快的亲子时光。

父母的体验

◎ 通过语言讲解、身体力行，坚持陪伴孩子阅读，以充分的耐心和适宜的方法，高质量地陪伴孩子，形成亲密无间的亲子关系。

◎ 组织或是参加读书会需要各方之间有所沟通，有所交流。在这个过程中，会欣喜地看到孩子参与人际交往、勇于挑战等的精彩瞬间，更客观、全方位了解孩子的发展。

◎ 阅读让孩子更具有独立思考的能力，分享、交流、共同研讨彼此的经验，从中获得想法，实现亲子共同成长。

可拓展体验

◎ 读书分享会不仅是书的分享，还可以分享自己的小书房、制作的书签、亲子共同制作的图书、读书海报、读书打卡等内容，形式多种多样，更富有童趣与吸引力，能进一步将阅读行为内化。

◎ 设立图书漂流活动，轮换读书会上介绍的图书，同时做好阅读记录，记录下与介绍者相同或是不同的感受，在下一次读书会上再分享，促进孩子之间正向互动。

家庭教育指导师指导建议

◎ 组织家庭开展"读书分享沙龙"的活动，鼓励父母积极分享孩子在参与活动过程中的点滴进步，放大并鼓励家庭间爱读书的良好氛围。

◎ 结合家庭实施过程中父母亟须解决的具体问题或困惑，总结有效经验，进一步促成更科学适宜的教养建议。

"幸福家庭"积极体验之

吟唱经典古诗词

  一句句优美的古诗词饱含着节奏美和韵律美,在平仄押韵中使孩子们萌发对语言的初步感知,同时这也体现出一种民族文化和精神的传承。为古诗词配上适当的旋律,能有效烘托诗词的意境美,在优美的古诗词浸润下,孩子们对艺术的领悟力和感知力在悄然提高,对民族文化的自豪感和认同感也在逐步加深。

邵颖 绘（6岁9个月）

父母这样做

◎ 有意识地创造机会和孩子一起多听、多念、多唱古诗词。引导3—4岁的孩子倾听意境简单、富有童趣、朗朗上口的古诗词。鼓励4—5岁的孩子尝试理解诗词含义，并逐渐加入吟唱。5—6岁的孩子在较为熟练吟唱古诗词后，父母可以准备相匹配的古装，让孩子着古装、行古礼、唱经典。

◎ 可以和孩子一起商议组织古诗词表演，编写演出内容、选择演出形式和演出地点，最大程度尊重并支持孩子的想法，并积极地做好协助工作。

◎ 拍摄孩子表演的小视频发到班级群中，放大孩子的点滴进步，鼓励孩子演出后说说、画画自己的感受体验，将经典文化内化于心、外显于形。

孩子的体验

◎ 体验古诗词的韵律美，初步了解简单的古诗词的含义，逐渐感受意境美，体验古典文化美。

◎ 懂得辛劳付出的重要性，在前期准备到完成演出的过程中，获得成就感。

◎ 感知自己是被尊重和认可的个体，实现自主、自尊、自信，在表演中感受和谐平等的亲子关系。

父母的体验

◎ 及时肯定和表扬孩子在吟唱古诗词方面的表现，在发现孩子的兴趣和进步的同时，逐步建立科学的育儿观，学会用积极的方式看待孩子。

◎ 鼓励孩子大声、大胆、自信地去朗诵、吟唱、表演，父母也要以身作则，更加勇敢地和孩子互动，实现共同生活、陪伴成长。

可拓展体验

◎ 将演出视频上传到网络平台，开展家庭或班级"最美古诗词吟唱"投票活动，让更多人感受到经典古诗词吟唱的魅力。

◎ 阶段性共同分享、交流自己的演出体验。可以介绍自己喜欢的古诗词是什么，喜欢的原因等，也可以介绍在演出方面自己的好方法。

◎ 结合春节、六一等节日，举行古诗词吟唱联合演出晚会等，和孩子一起大胆地站上舞台，展现最自信的自己。

家庭教育指导师指导建议

◎ 组织家庭间互动，可以几个孩子或是若干个家庭一起进行节目表演，在真实情境中扩大人际交往范围。

◎ 邀请专业老师进行针对性指导，让节目效果升上一层楼。

"幸福家庭"积极体验之

现场聆听音乐会

带孩子听音乐会是家长在音乐感知、音乐表现方面送给孩子的最好的礼物。现场聆听音乐会，能很好地了解聆听礼仪，激发孩子对音乐的感受力和想象力，也能在视觉与听觉的综合作用下潜移默化地培养孩子的艺术素养，逐渐学会运用艺术手段表达自己对周围世界的认识，展现自己的情感、态度。

徐乐萱 绘（6岁4个月）

父母这样做

◎ 和孩子一起亲身体验、现场感受音乐的独特魅力，开拓视野，提升音乐鉴赏及音乐审美能力。和3—4岁的孩子一起去音乐会现场聆听音乐，为孩子种下一颗感受美的种子。和4—5岁的孩子讨论喜欢的乐器和音乐形式，鼓励孩子学习某种乐器。与5—6岁的孩子讨论音乐家的情绪表达与表现，与孩子进行一次音乐赏析。

◎ 提前和孩子了解聆听音乐会的礼仪，在欣赏音乐的时候注意基本礼仪，共同了解音乐会创作曲目的背景、演奏乐器、演奏团队等。

◎ 引导孩子运用表征形式就音乐会的感受进行绘画，尝试用动作、语言等方式交流分享自己的理解和体验。

孩子的体验

◎ 获得对音乐会的感性认识与认知经验，乐于模仿、参与、学习、介绍自己感兴趣的音乐。

◎ 能用歌唱、律动、舞蹈等多种形式表达自己的感受和想象，进行自发的艺术表现和创造。

◎ 能够感受、发现和欣赏大自然中或日常生活中好听的声音，萌发对美的感受和体验，用心灵去感受和发现美，用自己的方式去表现和创造美。

父母的体验

◎ 与孩子一起了解、聆听音乐会可以动用感官亲身感受现场音乐的魅力，激发亲子之间对美的感受和体验。

◎ 感受孩子用自己独特的笔触、动作和语言，表达丰富的想象和真实的情感体验，发现孩子独特的审美表达方式，充分理解和尊重孩子的艺术表现。

◎ 和孩子一起感受、发现和欣赏自然环境和人文景观中美的事物，不断更新自己的儿童观和教育观。

可拓展体验

◎ 在家庭中和孩子模拟现场音乐会。父母和家人作为观众或音乐会其他人员协助孩子一起参与。鼓励孩子回忆现场聆听音乐会的感受，尝试将所见所闻运用到自己的音乐表现中。

◎ 利用幼儿园迎新说唱节、故事表演节等活动举行一场以班组为单位的音乐会，和社区家庭小组在社区内组织一场小朋友间的音乐会。

◎ 带孩子去剧院、音乐厅等地方欣赏文艺表演和艺术作品，丰富孩子对各类音乐的认知经验和感知能力，获得更丰富、多元的音乐感知。

家庭教育指导师指导建议

◎ 请孩子回忆音乐会的感受并进行表征，父母按照时间顺序装订成册，便于幼儿日后的翻阅和回忆。

◎ 邀请有经验的成人或者较之年长的孩童为孩子策划、举行一场家庭间的小型音乐会，创造条件让孩子进行自主自发的艺术表现和创造，使其获得自尊、自信。

参观艺术展

每个幼儿心里都有一颗美的种子,艺术是孩子认识世界的一种方式。在和孩子一起参观艺术展时会萌发对美的感受,并可培养孩子的艺术鉴赏、艺术审美和艺术表达能力,从而在艺术熏陶中逐步将内心蕴含的丰富情感用稚嫩的笔触、动作和语言予以表达和抒发。

王梓涵 绘(5岁11个月)

父母这样做

◎ 和孩子一起参观艺术展，在艺术品析和艺术鉴赏中实现自我欣赏和自我表达。和4—5岁的孩子讨论喜欢的艺术作品，分享欣赏感受。和5—6岁的孩子讨论艺术作品的情绪表达与表现，鼓励孩子在日常生活中用欣赏到的艺术手段进行表达。
◎ 和孩子一起学习艺术展的基本知识，了解艺术展中不同类型作品的技艺技法，拓展孩子的艺术视野。
◎ 引导孩子发现艺术作品的典型特征，收集生活中和自然环境中喜欢的物品并和他们一起欣赏、创作。

孩子的体验

◎ 懂得发现和欣赏自然界、生活环境中美的事物，丰富自己对艺术作品的感受和体验。
◎ 能用多种工具、材料或不同的表现手法表达自己的所见所想以及内心感受和想象。
◎ 愿意用自己的艺术作品布置环境、美化生活，具有初步的艺术表现和创造能力。

父母的体验

◎ 和孩子一起参观画展、雕塑展、工艺美术展等不同类型的艺术展，学习更多艺术方面的表现手法和技艺技法。
◎ 在参观过程中了解艺术作品背后的故事，与孩子一起交流讨论对美的感受，丰富孩子的想象力和创造力。
◎ 在与孩子分享交流自己喜爱的艺术作品和美感体验时，增进对于不同类型艺术形式和艺术作品的了解和认知。

可拓展体验

◎ 带孩子去剧院、美术馆、博物馆等场所欣赏文艺表演和艺术作品，鼓励孩子尝试模仿与创造，并用自己的作品布置环境。
◎ 利用传统节日和民间庆典的机会，带孩子观看或共同参与传统民间艺术和地方民俗文化活动，如皮影戏、剪纸和捏面人等。
◎ 为孩子举办一次个人艺术展。根据幼儿的生活经验，与幼儿共同确定艺术表达的主题，引导幼儿围绕主题展开想象，进行艺术表达与创作。

家庭教育指导师指导建议

◎ 组织家庭共同参观艺术展，鼓励孩子与同伴积极分享交流参观艺术展的感受和体验，实现家庭间的艺术品析与艺术鉴赏。
◎ 邀请专业的艺术鉴赏人员，为孩子们组织一场专业的艺术鉴赏活动，鼓励孩子用自己的方式进行艺术表达与表现，并为孩子们举办家庭间的艺术展览活动。

"幸福家庭"积极体验之

学习餐桌礼仪

就餐时等长辈先入座,入座后坐姿端正,夹菜时使用公筷等文明行为是孩子感受家庭餐桌礼仪的最好方式。学习并遵守餐桌礼仪既能帮助孩子珍惜粮食,学会感恩,培养孩子的同理心,享受温馨家庭时光,又能帮助孩子形成良好的生活态度和文明素养。

张凌菲 绘(6岁7个月)

父母这样做

◎ 帮助孩子了解餐桌礼仪的重要性，为孩子做好榜样。引导3—4岁的孩子用餐时不随便离开座位。4—5岁的孩子用餐时坐姿端正，不偏食、挑食。5—6岁的孩子用餐前主动邀请长辈先入座，正确拿筷子并使用公筷给长辈夹菜，学会分享，并协助父母进行整理等。

◎ 帮助孩子养成定点、定时、定量进餐的习惯，帮助孩子了解食物的营养价值，吃饭时不过分催促，提醒孩子细嚼慢咽，培养孩子的餐桌礼仪，养成良好的个人卫生习惯。

◎ 收集孩子用餐的视频或照片，在家庭中评选"餐桌礼仪之星"，引导孩子餐后说说、画画自己用餐的体验感受，让孩子文明的用餐行为被"看见"。

孩子的体验

◎ 在观察、模仿、一起做的过程中学习进餐中的文明行为，通过主动取放碗筷培养孩子的服务意识，感受父母的辛苦，从小培养感恩之心。

◎ 了解基本的用餐礼仪，用餐时坐正坐直，不离开座位，会正确拿筷子等，初步形成良好的餐桌礼仪。

◎ 体验一家人在一起用餐的美好，享受快乐的亲子时光。

父母的体验

◎ 通过动作示范、语言讲解、情感表达等指导孩子餐桌礼仪，形成家庭餐桌文化，享受与家人在一起用餐的美好时光。

◎ 用餐时正确引导孩子，相信孩子的生活自理能力，肯定孩子，赏识孩子，帮助孩子建立自信。

◎ 重视自身的餐桌礼仪，与孩子一起体验中西餐的不同，并在与其他家庭结伴聚会用餐的过程中，相互传递优秀经验，了解更多关于家庭餐桌礼仪的策略和方法。

可拓展体验

◎ 为孩子提供展现良好用餐行为习惯的机会，如带领孩子学习婚礼、生日宴会等不同场合的基本礼仪。外出聚会时，鼓励孩子和小伙伴一起摆放餐具、分配食物、节约粮食等，观察孩子用餐时的礼仪行为表现，让孩子成为遵守餐桌礼仪的小主人。

◎ 结合中国传统的节日或节气，如春节、端午、夏至等，开展家庭聚餐活动，如吃团圆饭、吃饺子、吃粽子等，和孩子一起了解和感受不同的餐桌礼仪。

家庭教育指导师指导建议

◎ 组织家庭开展"文明餐桌礼仪"的主题分享活动，鼓励父母积极分享并放大家庭间的文明餐桌礼仪行为。

◎ 结合家庭间的餐桌礼仪案例开展一对一的指导，倾听家长的经验分享，帮助家长解决孩子就餐中的困惑，梳理家庭餐桌文化的形成路径，为父母提供科学适宜的教养理念。

做整理小达人

整理物品有利于提高孩子的动手能力和生活自理能力，在自我管理和自我服务中实现自主、自尊、自信。做整理小达人可以帮助孩子养成归类整理的行为习惯，培养孩子的独立性、责任心、胜任感。此外，自理能力的提升，也有助于缓解孩子在初入小学时的焦虑情绪，顺利实现幼小衔接。

陈玥宁 绘（6岁1个月）

父母这样做

◎ 与孩子一起商讨确定每周的整理日，鼓励孩子学做父母、家庭的小帮手。与3—4岁的孩子从整理玩具开始，如整理积木、碗筷等。与4—5岁的孩子一起讨论整理小达人可以做些什么，鼓励孩子整理个人物品。引导5—6岁的孩子讨论怎样做好整理小达人，逐步学会分类整理和收纳，让孩子体验被肯定的快乐和自豪。

◎ 花1—3天时间，让孩子观察学习整理的好方法。花一周时间，父母带着孩子一起整理，边学边实践。花两周时间，让孩子自己整理，父母尽量不参与，让孩子养成习惯。

◎ 将孩子整理物品的情景用手机录制和拍摄下来，上传到"一起长大"平台，让更多的家庭和同伴关注。鼓励孩子分享整理的经验和方法，让个体的经验成为班级集体的共同经验。

孩子的体验

◎ 了解整理小达人的工作内容，学习完成整理工作的方法，乐意为集体、家庭服务。

◎ 认真完成整理任务，有一定的独立性和责任感，获得同伴和父母的认可。

◎ 感受父母、长辈的亲密陪伴，在整理中加深亲子关系，共享快乐的亲子时光。

父母的体验

◎ 用平静的心态和适宜的方法引导孩子进行整理，帮助孩子建立积极的自我认同感，提升自身的育儿水平，享受温馨美好的快乐时光。

◎ 了解后亲自操作是孩子的学习方式之一，肯定和赞扬孩子的整理行为和方法，帮助孩子获得成就感，实现自我价值。

◎ 增进亲密的家庭关系，肯定孩子自我整理的行为，帮助孩子建立自信，增强幼儿主动争做整理小达人的积极性。

可拓展体验

◎ 经常组织孩子一起整理物品，并根据物品的特点进行归类摆放。外出旅游时可以鼓励孩子自己整理出游的衣物等，让孩子成为家庭的小帮手。

◎ 让孩子和社区或幼儿园的小伙伴共同分享整理的体验，或进行"生活物品整理PK赛"等，鼓励孩子学习和借鉴同伴整理物品的好方法。

◎ 结合"我要上小学啦""我是能干的小帮手"等主题活动，和孩子一起了解生活中物品整理的重要性，使幼儿萌发成为"最美整理小达人"的积极情感。

家庭教育指导师指导建议

◎ 组织家庭间开展同年龄段如"我会整理图书"的分享日活动，鼓励父母积极分享孩子在整理中的一些精彩案例，放大孩子在家庭中积极整理的行为。

◎ 请家长在家庭中为孩子提供存放个人物品的空间，引导孩子逐步学会分类整理，引导父母树立科学的育儿理念。

"幸福家庭"积极体验之

礼貌待客或做客

　　礼貌待客或做客可以培养孩子的人际交往和社会适应能力，是社会性发展的一种重要途径。在礼貌待客或做客的过程中帮助孩子感知人与人之间生活方式的多样性和差异性，让其懂得接纳、尊重、关心他人，在人际交往中学会自尊、自信、自主，获得成就感和满足感，促进亲社会行为的发展。

张凌菲 绘（6岁7个月）

父母这样做

◎ 帮助孩子学习礼貌待客做客的方法，努力争当小主人或小客人。鼓励3—4岁的孩子主动问好，离开时礼貌道别。鼓励4—5岁的孩子不争抢物品，父母同意时才能接受别人的食物或礼物。鼓励5—6岁的孩子学会制订做客计划，和家长一起准备待客的物品、布置家庭等。

◎ 和孩子一起待客或做客时，自己以身示范引导孩子。关注孩子可能遇到的问题，给予帮助，并通过绘本阅读让其了解基本的待客或做客之道，有效传递经验，引导、鼓励孩子，期待下一次的成功。

◎ 拍摄孩子做小主人或小客人时的视频或照片进行分享，通过孩子自评、家庭互评等形式，让孩子对自己的行为感到自豪，增强自信。

孩子的体验

◎ 在示范、讲解、情景体验中了解待客或做客的基本规则和礼仪，体验待客或做客的乐趣。

◎ 在交流、讨论中学习礼貌待客或做客的好方法，丰富幼儿待客或做客经验，建立起家庭小主人翁意识和为他人服务的自信。

◎ 体验亲子文明交往、礼貌待客或做客的快乐。

父母的体验

◎ 和孩子一起参与家庭或朋友间的聚会活动，通过言行示范、语言讲解等让孩子体验待客或做客的乐趣与收获。

◎ 做好招待客人或去朋友家做客需要的环境创设和材料准备，和孩子一起筹备物品、选购礼物，活动结束后一起收纳整理，让孩子体会到自己是有能力的。

◎ 与其他家庭结伴开展亲子活动或分享交流时，能借鉴同伴的好方法，了解更为有效的家庭教育策略或方法。

可拓展体验

◎ 父母创造机会让孩子去体验当主人（客人），如去不同年龄阶段的亲友家里做客，让孩子知道不同场域下的做客礼仪。为孩子举办一次生日会，让其在活动进程中进一步了解如何接待客人，让孩子成为真正的小主人。

◎ 邀请"亲子营"的小伙伴或同楼层的小伙伴轮流做主人或客人，提高孩子的社会交往能力。相互学习更多的待客好方法，建立积极的人际关系。

◎ 开展家庭亲子活动，如"今天我做客"等，和孩子一起了解做客和待客的区别是什么，帮助孩子了解待客和做客的不同礼仪，培养孩子良好的待客和做客行为。

家庭教育指导师指导建议

◎ 组织家庭开展如"我是小主人""我是小客人"的主题分享活动，鼓励父母积极分享孩子在交往中的故事，提高孩子的社会实践能力，让孩子真正做到学以致用。

◎ 结合家庭的具体案例开展研讨，总结有效经验，帮助父母解决孩子的问题或困惑，为父母提供科学适宜的教养建议。

"幸福家庭"积极体验之

寻找节能好方法

从身边的小事做起,绿色出行,节约水电,可以帮助孩子养成勤俭节约的生活习惯,树立保护环境和爱护地球的意识,用实际行动保护环境,守护自己生活的绿色家园。在鼓励孩子争做"节能小卫士"的同时,也能向周围人宣传节能的重要性和好方法,从小培养孩子的环保意识和行为习惯,促进其亲社会行为的发展。

邵颖 绘(6岁9个月)

父母这样做

◎ 通过绘本故事讲述的方式使孩子了解节能的重要性，积极鼓励孩子做节能小能手。鼓励3—4岁的孩子从家里的点滴小事做起，以绿色低碳的出行方式支持节能。引导4—5岁的孩子找一找生活中节约用水的好方法，比如用淘米的水浇花等。帮助5—6岁的孩子了解净化水的方法，尝试自己做过滤器。

◎ 寓环保知识于日常生活中，养成随手关灯、节约用电的好习惯。看到有不良行为时，及时帮助孩子认清并改正不良行为。和孩子一起参加变废为宝的活动，使他们懂得爱护环境要从小事、小环境做起。

◎ 拍摄孩子节能时的视频或照片并发送给幼儿园老师，和孩子一起布置家庭"节能小卫士"榜单，鼓励孩子做节能小标签，让更多的孩子知道节能的方法并参与到节能活动中。

孩子的体验

◎ 和父母一起做"节能小卫士"时，通过真实的体验和实践活动，获得一起做好环保、保护地球的自豪感。

◎ 知道地球是我们生活的地方，了解生态环境恶化的现象。通过学习节能好方法，如随手关灯、及时关闭电源、探索淘米水的用处等，保护地球。

◎ 找到节约好方法后获得成就感，接受父母的鼓励和肯定，建立起家庭节能意识。

父母的体验

◎ 通过语言讲解、以身示范等指导孩子一起节能，这需要父母通过通俗易懂的方法向孩子讲述节能给人类带来的好处，这也是父母陪伴孩子、享受和孩子一起认真做好一件事情的好机会。

◎ 节能活动是父母提升育儿能力的好机会，能重新认识孩子，发现孩子的能力是不可估量的，从而对孩子更加肯定和赞赏，也更加愿意鼓励孩子并放手。

◎ 与其他家庭结伴开展亲子活动或分享交流时，能倾听其他同伴的好方法，了解更为有效的家庭教育策略或方法。

可拓展体验

◎ 父母要帮助孩子，提供更多鼓励孩子节能的机会，如去公共场合时鼓励孩子节约用水、节约用电，让家庭"节能小卫士"走到社会上，把自己的好方法介绍给更多的同伴，让孩子真正成为"节能小卫士"。

◎ 家园携手，理解节能的意义，可以在园部开展变废为宝的活动，通过不同的废旧物品利用，启发孩子想象、尝试，在玩中学，在做中思，同时养成节约不浪费资源的好习惯。

◎ 结合"节水周""地球熄灯一小时"等活动，开展家庭亲子活动，如"今日节能几件事"等，和孩子一起了解节水节电对地球的好处，萌发孩子保护地球的情感。

家庭教育指导师指导建议

◎ 组织家庭成员每日半小时分享会，鼓励孩子分享自己的节能好方法，家庭成员给予肯定并坚持一起行动。

◎ 组织家庭开展如"最佳节能小卫士"的主题分享活动，鼓励父母积极分享，放大并鼓励家庭间的节能行为。

"幸福家庭"积极体验之

坚持阅读打卡

温馨的阅读环境和持续的打卡记录，有利于培养孩子的阅读兴趣和阅读习惯，提高其独立思考的能力及想象能力和创造能力，为孩子的终生学习奠定坚实的基础。孩子在坚持阅读中也能逐渐体会作品的感染力和表现力，体会作品所表达的情感，细细感受文学作品的美。

邵颖 绘（6岁9个月）

父母这样做

◎ 为孩子打造专属的阅读小角落,放置小沙发和图书架等,让孩子享受安宁和稳定的阅读氛围。帮助3—4岁的孩子制作"21天阅读打卡墙",激发阅读兴趣。鼓励4—5岁的孩子把感兴趣的故事和家人分享,鼓励5—6岁的孩子尝试每天将绘本中喜欢的故事情节画下来,制作成绘本记录本或者自制绘本,制成自己独有的读书笔记。

◎ 每天坚持抽时开展亲子阅读,把选择权交给孩子,让孩子自己去选想读的书,在阅读的过程中要多跟孩子进行互动,和他们共同享受阅读。

◎ 对孩子们坚持阅读打卡的行为表示鼓励,将孩子们阅读的画面剪辑成小视频,让孩子们能够直观地看到自己成长的变化。

孩子的体验

◎ 能够在阅读的过程中发现一些常见的符号,积极认读常见的汉字,养成良好的书写习惯。

◎ 坚持阅读是一种自主性的学习,可以培养独立思考的能力,在有效培养阅读兴趣的同时还可以拓宽眼界。

◎ 在亲子阅读的过程中和父母交流,体会到父母对自己的关心和爱护,长大以后会更加愿意和父母分享自己的想法。

父母的体验

◎ 亲子共读是家长和孩子之间的一条纽带,在每天的亲子共读时光中父母能够在不知不觉中了解孩子的思想变化,能够及时和孩子进行沟通,和孩子共同成长。

◎ 在坚持阅读的过程中,家长耐心地回答孩子提出的各种问题,引导他们说出自己的想法,慢慢发现孩子主动思考、解决问题的能力。

◎ 陪伴孩子成长的过程中,掌握科学的家庭教育方法,成为一名善于倾听、理解、发现孩子潜力的家长。

可拓展体验

◎ 以"世界读书日"为契机,在社区和幼儿园里举行"图书漂流"活动,让孩子将自己喜欢的绘本和好朋友分享,感受分享的乐趣。

◎ 引导孩子设计"我的第一本书",有封面、封底、作者和出版社,并给每一幅图片配上文字,激发他们的创作热情,体验当作家的成就感。

◎ 让孩子说一说自己喜欢的绘本,在提高孩子语言表达能力的基础上,结合园部"故事表演节"把情节演出来,增强孩子的自信心。

家庭教育指导师指导建议

◎ 帮助每个家庭规划亲子阅读,开展一对一、一对多家庭阅读指导,定期举办阅读分享会。

◎ 分年龄段推荐优秀儿童书目,协同社区完善儿童阅读场所的布置和功能。

"幸福家庭"积极体验之

安全文明出行

良好的文明出行习惯可以保障孩子的自身安全。了解安全文明出行规则既能帮助孩子掌握基本的安全知识和出行规则,又能培养孩子独立出行的能力,提高孩子的文明交通意识、防范能力以及自我保护能力,让孩子在平安、稳定的环境中健康成长。

路芊芸 绘(6岁7个月)

父母这样做

◎ 为孩子打造专属的阅读小角落，放置小沙发和图书架等，让孩子享受安宁和稳定的阅读氛围。帮助3—4岁的孩子制作"21天阅读打卡墙"，激发阅读兴趣。鼓励4—5岁的孩子把感兴趣的故事和家人分享，鼓励5—6岁的孩子尝试每天将绘本中喜欢的故事情节画下来，制作成绘本记录本或者自制绘本，制成自己独有的读书笔记。

◎ 每天坚持抽时开展亲子阅读，把选择权交给孩子，让孩子自己去选想读的书，在阅读的过程中要多跟孩子进行互动，和他们共同享受阅读。

◎ 对孩子们坚持阅读打卡的行为表示鼓励，将孩子们阅读的画面剪辑成小视频，让孩子们能够直观地看到自己成长的变化。

孩子的体验

◎ 能够在阅读的过程中发现一些常见的符号，积极认读常见的汉字，养成良好的书写习惯。

◎ 坚持阅读是一种自主性的学习，可以培养独立思考的能力，在有效培养阅读兴趣的同时还可以拓宽眼界。

◎ 在亲子阅读的过程中和父母交流，体会到父母对自己的关心和爱护，长大以后会更加愿意和父母分享自己的想法。

父母的体验

◎ 亲子共读是家长和孩子之间的一条纽带，在每天的亲子共读时光中父母能够在不知不觉中了解孩子的思想变化，能够及时和孩子进行沟通，和孩子共同成长。

◎ 在坚持阅读的过程中，家长耐心地回答孩子提出的各种问题，引导他们说出自己的想法，慢慢发现孩子主动思考、解决问题的能力。

◎ 陪伴孩子成长的过程中，掌握科学的家庭教育方法，成为一名善于倾听、理解、发现孩子潜力的家长。

可拓展体验

◎ 以"世界读书日"为契机，在社区和幼儿园里举行"图书漂流"活动，让孩子将自己喜欢的绘本和好朋友分享，感受分享的乐趣。

◎ 引导孩子设计"我的第一本书"，有封面、封底、作者和出版社，并给每一幅图片配上文字，激发他们的创作热情，体验当作家的成就感。

◎ 让孩子说一说自己喜欢的绘本，在提高孩子语言表达能力的基础上，结合园部"故事表演节"把情节演出来，增强孩子的自信心。

家庭教育指导师指导建议

◎ 帮助每个家庭规划亲子阅读，开展一对一、一对多家庭阅读指导，定期举办阅读分享会。

◎ 分年龄段推荐优秀儿童书目，协同社区完善儿童阅读场所的布置和功能。

安全文明出行

良好的文明出行习惯可以保障孩子的自身安全。了解安全文明出行规则既能帮助孩子掌握基本的安全知识和出行规则，又能培养孩子独立出行的能力，提高孩子的文明交通意识、防范能力以及自我保护能力，让孩子在平安、稳定的环境中健康成长。

路芊芸 绘（6岁7个月）

父母这样做

◎ 加强对孩子的交通安全教育，培养他们从小自觉遵守交通秩序。引导3—4岁的孩子看红绿灯，根据信号提示行路。4—5岁的孩子，在让其认识各种交通标志的基础上，培养他们自我保护意识。提醒5—6岁的孩子不到危险的地方，让孩子还能够提醒别人、注意观察交通标志。

◎ 通过儿歌、绘本阅读教给孩子一些交通安全知识，帮助孩子认识交通标志，养成遵守交通安全规则的好习惯。和孩子一起过一次马路、坐一次地铁等，在亲身体验中掌握基本的安全知识，增强自我保护能力。

◎ 鼓励孩子成为安全文明出行的小小宣传员，在家庭中进行宣传，让更多的亲戚朋友了解出行规则，感受自己的力量。

孩子的体验

◎ 了解出行规则，知道过马路要走斑马线，行人要走人行道，乘坐公共交通要有序排队，注意往来车辆等，学会运用已有的经验解决实际出行问题。

◎ 能自觉遵守基本的交通规则，知道基本的自救和求救方法，提高自我保护能力，增强出行的安全感，为日后独立出行打下基础。

◎ 在与父母共同出行的过程中建立更多的亲子安全感和信任感。

父母的体验

◎ 在与孩子交流安全文明出行经验的同时，提高自身的道德法治意识，明确自身的教育职责和管理职责等，真正有效地促进亲子沟通。

◎ 发现孩子对安全生活环境的憧憬和向往，发现孩子具备基本自我保护能力和文明出行习惯。

◎ 在安全文明出行中教育孩子遵纪守法，培养其良好的社会公德和法治意识。

可拓展体验

◎ 通过和交警交流互动，帮助孩子了解交通安全的重要性，学习做交通手势，培养幼儿吃苦耐劳的优良品质，体会交警工作的重要性。

◎ 在幼儿园里开展安全问答比赛，让孩子们通过竞赛的方式加强对交通知识的理解，促进孩子们之间安全知识的互补，树立正确的道德观念。

◎ 制作"珍爱生命，安全第一"宣传册，让5—6岁的孩子宣讲安全知识和分发宣传册，增加社会影响力，提高更多人的安全意识。

家庭教育指导师指导建议

◎ 组织孩子们当一次"小小交通指挥员"，在实践中了解交通规则，将活动辐射区域扩大，让更多人明白安全文明出行的重要性。

◎ 开展"文明出行进家庭"的活动，将宣讲活动推广到每个家庭中，帮助父母和长辈成为孩子的好榜样。

发现孩子比教育孩子更重要。要善于发现儿童的兴趣与需要,唤醒他们内在的积极力量,发掘他们的优势与潜能,建构有意义的儿童生活。

建立积极关系比教育孩子更重要。帮助儿童建立稳定的、具有归属感的积极关系,给予儿童更多对生活的整体感知,形成积极的自我认知和幸福感。

陪伴成长比教育孩子更重要。高质量的陪伴,需要成人用心去倾听、感受、支持与互动,和儿童一起共同开创和热情拥抱美好生活。